늑대와
살쾡이가 된 부부

늑대와
살쾡이가 된 부부

정달자 수필집

수필과비평사

■ 머리말

나의 수필 쓰기

나는 지난해부터 수필을 쓰기 시작했다. 늙어가는 60대 중반에 수필에 눈을 뜨면서 어떤 일이든 무심히 보아 넘기지 않게 되었다. 더 자세히 보게 되고 그 사물에 대하여 여러모로 사색하게 되었다. 그리고 사색한 이것저것들을 차례로 모아 불을 붙이면 한 편의 멋진 수필이 나옴을 알게 되었다. 그러나 사고와 사색을 서로 어울리게 한데 모으기도 힘들지만, 그것들에 불을 붙여 생명을 불어넣기에는 여간 힘드는 일이 아니었다.

그러나 힘들더라도 일단 불이 붙기 시작하면, 내 모든 소박한 사색과 사상들을 낙엽 태우듯 솔솔 자연스럽게 불태웠다. 때로는 향긋한 낙엽 향을 맡으며 진실하게 한 줄 두 줄 자신을 고백하듯 솔직하게 써나갔다. 그렇게 수필을 쓰다 보니, 내 수필을 혹시 누가 읽어 본다면, 하는 걱정과 욕심도 생기게 되었다. 내 욕심은 유익하고도 재미나는 수필을 써야 한다는 생각이었다.

하지만 그게 어디 쉬운 일인가. 다만 열심히 수필을 창작한다고 하다 보니 어찌하여 수필가로 등단하게 되었다. 등단 후, 독자들이 읽어보는 수필을 쓰는 나 자신의 품위와 몸가짐이 또한 걱정되었다. 수필을 쓰는 내가 먼저 바른 몸가짐과 겸손하고 정직한 품위를 갖추었는지를, 조심스럽게 자신을 돌아보게 되었다. 그리고 나의 턱없이 모자라는 지식을 조금이라도 채우기 위해 문학 강론은 물론 독서를 더욱 열심히 해야 했다. 그리하여 항시 공부하는 마음으로 나의 사색의 진실을 한 편 한 편 써 나갈 때마다 삶의 보람을 아울러 느끼게 되었다.

내 수필이 졸작이나마 주제와 목적이 분명해야 했고, 읽는 이들에게 조금이나마 유익하고 읽는 동안이나마 위로가 되고 재밌어야 한다고 생각했다. 그래서 수필쓰기에 필요한 자료가 될 말이나 문구를 수집하고 메모하는 버릇을 키웠다. 내 딴에는 아주 근사한 수필을 쓰고 싶어서였다.

어떤 일도 무심히 넘기지 않고, 개울물살이 돌을 휘감아 돌아가듯 생각을 돌려서 하다보면 흘러가는 세월의 강에서 멋진 이름의 퉁가리나, 쏘가리, 송사리 꺽지의 생김이며 종이 전혀 다른 물고기들을 하나하나 낚아 올리는 것 같았다. 솔솔 소재가 떠올라 쓰기 시작하는 것도 있지만, 힘들여 내용을 다 쓰고 난 후에야 겨우 제목을 부칠 때도 있었다.

그렇게 하여 떠오르는, 잡초와 섞여 자라는 수필이라는 채소를 일단 뽑아놓는 것이다. 일단 초안만 잡아놓아도 다잡은 느낌이었다. 그 다음 자세히 들여다보며 가끔씩 다듬고 흙을 털어주곤 했다. 또 다른 경우, 메모를 정리하다 보면 또 한 건의 수필의 소재가 떠오를 때가 있었다. 그럴 때는 좀, 끙끙대긴 하여도 결국 또 한 편의 수필을 쓰게 되었다.

하지만 수필은 서두르면 안 되었다. 잘 안 되면 일단은 덮어두고 가끔씩 들여다봐 주어야 했다. 그렇게 천천히 너그럽게 보아주고 다독거리다보면 제법 글의 모습을 갖추게 되었다. 하지만 어떤 때는 한 달이고 두 달이고 아무런 구상 없이 세월이 갈 때도 있었다. 그러면 시간이 아깝고 마음이 조급해졌다. 그럴 때는 아무 할 일 없듯 수필을 써야 한다는 강박관념을 벗어나서 태평하게 생활하다 보면, 그 어느 사이에 수필은 슬며시 다가오지 싶었다.

오래간만에 찾아오는 수필을 반갑게 맞이해야만 또 다른 수필이 찾아왔던 것이다. 바쁘다고 달갑지 않은 손님 대하듯 하면 수필은 내게서 순식간에 달아나버렸다. 나의 짧은 학식과 얕은 지식으로 대작은 어림도 못내는 내가, 재미나는 졸작이나마 계속 쓰고 싶었다. 한 편 한 편 내 수필이 모아지는 보람은 나에게 행복감마저 가져다주었다.

등단 후, 더 좋은 수필을 써야 한다는 책임과 부담은 무겁다 못해 지금은 부끄럽고 두렵기만 하다. 하지만 계속 독서를 하며 용기를 내어 수필쓰기에 정진할 것이다. 그러다보면 언제고 나도 제법 마음에 드는 자식 하나 두지 않으랴 싶었다.

한 권의 책으로 묶여지기까지에는 문학평론가이신 눈재 한상렬님의 각별한 도움과 수필과비평사의 후의를 입었다. 또한 나의 문학 수업에 도움을 주셨던 신길우 교수님, 김성수 교수님 그리고 여러 문우들, 무엇보다도 나의 남편과 가족들-미국에 있는 동기들-에게 감사한다.

2007년 가을

정 달 자

차례

제3부 | 광안리 바다

제4부 | 11월의 데이트

제1부
늑대와 살쾡이가 된 부부

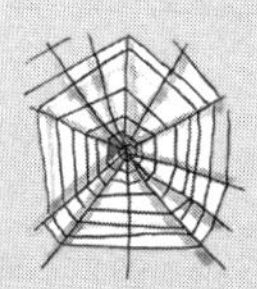

늑대와 살쾡이가 된 부부

착하고 순한 수캐와 순진하고 앙증맞은 암코양이가 서로 만났다. 둘은 금세 친해지더니, 그렇게 사이가 좋을 수가 없었다. 도망다니고 따라다니고, 숨바꼭질에 뒹굴기에 뽀뽀하기에…. 남들이 보기에도 이상하기 짝이 없는 사이였다.

닮은 구석이라곤 눈 씻고도 찾을 수 없는 사이였다. 말씨나 풍습도, 식성이나 성격, 심지어는 취미마저 서로 달랐다. 그런데도 무엇이 그리 좋은지…. 하긴, 제 눈에 안경이라 하지 않던가. 세월을 지내놓고 이제 와서 생각하니 참으로 알다가도 모를 일이다.

하객들의 의아한 시선을 받으며 그들은 미래를 약속했다. 보금자리를 틀고 새끼들을 낳아 길렀다. 아비를 닮은 순한 수캉아지한 마리와 어미를 닮은 예쁘고 앙증맞은 암코양이 한 마리를 낳았다. 그런데 아비가 이상하게 차츰 늑대를 닮아가기 시작하는 게 아닌가.

술만 마시면 긴 콧잔등에 험하게 주름살을 세우고는, 날카로운 이를 드러내어 으르렁거렸다. 아내와 새끼들을 먹이로 착각하고 위협하기 시작했다. 어미는 자신과 새끼들을 보호하고 방어 자세를 취했다. 그러다가 저도 모르게 사나운 살쾡이로 변해갔다.

무서운 회색 늑대와 사나운 암살쾡이의 피의 대결은 자주 벌어졌다. 어린 새끼들은 무서움에 떨었고 보금자리마저 차츰 무너져 내렸다. 하지만 살쾡이는 피나는 노력을 게을리하지 않았다. 새끼들을 보호하고 보금자리를 제자리에 갖다 놓았다. 이웃들은 불안한 시선으로 이들을 지켜보았다.

하지만 늑대와 살쾡이의 공격과 반격은 점점 더 치열해졌다. 늑대가 으르렁거리며 콧잔등에 주름살을 잔뜩 세우면, 살쾡이는 괴성을 지르며 날카로운 발톱으로 반격 자세를 취했다. 때리기 공격이면 찌르기 반격으로, 발로 차기 공격이면 살쾡이는 늑대의 넓적다리에 매달려 물어뜯기 반격, 밀치기 공격이면 악을 쓰며 비틀기 꼬집기 반격을 가했다.

처절한 싸움이었다. 저마다 서서히 지쳐갔다. 이제는 끝이 보이지 않는 긴 싸움의 피로가 누적되어 갔다. 둘은 가쁜 숨을 헐떡이면서도 좀체 싸움을 쉬지 않았다. 늑대가 고함을 치면 살쾡이는 악을 쓰고, 늑대가 깐죽거리면 살쾡이는 따지기 시작했다. 그러면 늑대는 고함을 쳤다. 이쯤 되면 살쾡이는 울음보를 터뜨렸다. 싸움은 일단 휴전으로 들어갔다.

살쾡이는 속이 상했다. 이렇게 못되게 굴 놈을 내가 왜 만났던가. 같은 고양이과에서 짝을 만났어야 했는데, 따라다니며 귀찮게 굴어. 퇴짜를 놓은 수많은 수살쾡이들이 눈앞에 선했다. 암살쾡이는 끝없는 후회의 나락으로 추락하고 있었다. 수늑대도 매한가지였다. 이렇게 악살스런 암살쾡이를 내가 왜 만났던가. 같은 개과科에서 흘금흘금 눈길을 주고받던 쭉쭉 잘빠진 순하디 순한 암셰퍼드도 있었고, 예쁘고 귀여운 복실강아지도 따라다녔었는데…. 하지만 뒤늦은 후회였다. 착하고 귀여운 두 마리의 새끼들을 키워야 하지 않는가. 새끼들을 보아서도 참고 또 참아야 했다.

그러구러 세월이 흘러갔다. 그래도 늑대의 주량은 날로 늘어만 갔다. 술 취한 늑대가 집에 들어가면 싸움질은 언제나 그렇듯 정해진 수순을 밟았다. 그래도 늑대는 힘든 세상을 살기 위해, 가족을 부양하기 위해, 호랑이 소굴도 마다않고 들락거렸다. 때로는 사자 소굴도 두려워하지 않고 기웃거렸다. 난폭하기 이를 데 없는 멧돼지 소굴이며 두더쥐 소굴까지 드나들었다. 심지어는 가시투성이인 고슴도치 소굴도 찾아다녔다. 그러다보니 차츰 팔팔하던 힘이 다 빠지고 쇠약한 몰골로 변해갔다. 급기야 약봉지를 지니고 다녀야 했다. 가끔은 병원 신세도 졌다.

아내인 살쾡이도 마찬가지였다. 정기적으로 치르는 싸움으로 힘을 소진하여 더 이상 버티기가 힘겨웠다. 새끼들의 양육이며, 보금자리를 지키노라 힘을 쏟다보니 어느새 그 날렵하던 허리와 두 다리의 힘이 빠지고 튼실하던 발톱도 무디어 갔다. 무엇이고 가리지 않고 물어뜯던 억센 이빨마저 몽땅 망가졌다. 그러니 자연 정기적 대결도 건너뛰게 되었고, 기껏 피차 으르렁댈 뿐이었다.

그렇건만 새끼들은 잘 성장하여 저마다 짝을 지어 하나둘 정든 보금자리를 떠났다. 이윽고 병들고 늙어버린 늑대와 살쾡이 내외만이 남게 되었다. 평생토록 싸움질과 삶에 지친 두 내외는 그제서야 후회막급하였지만 다가오는 황혼이야 어쩌랴.

저들의 삶을 후회하고 잘못 끼워진 단추를 뒤돌아보았지만 허사였다. 늑대는 비록 뒤늦었지만 이제부터라도 제대로 살아야겠다고 다짐했다. 술을 줄이고 주일이면 부부가 나란히 성당으로 향한다. 자책과 통회의 눈물로 기도하고, 서로 안쓰러운 눈으로 바라보며 평화의 인사를 나눈다.

늙어버린 할아범늑대는 힘이 들어도 작은 먹을거리를 연방 물고 와서는, 할멈살쾡이에게 미안하여 스스로 기를 죽이고 굽신거린다. 할멈살쾡이도 그토록 기운차던 옛날의 할아범을 생각하면, 힘 빠지고 기죽은 할아범이 불쌍하여, 할멈살쾡이는 할아범늑대에게 좀 더 잘해 주려고 애를 쓴다. 살아갈 날이 짧지 아니한가. 지난 세월의 잘못을 후회하고 후회를 하면서, 오늘도 굴굴거리며 살아간다.

누가 이들 부부를 전쟁만 치르던 부부라고 하랴.

행복은 만들어가는 과정이 아니던가.

– ≪수필시대≫ 등단작품

[심사평]

정달자의 응모작품 〈늑대와 살쾡이〉를 신인상 당선작으로 결정한다. 그가 응모한 여러 편의 글을 윤독한 결과 대체로 무난하다는 평이 있었다. 다소 늦은 듯하지만 창작에 임하는 열정이 높이 평가되었고, 일상적인 소재에서도 존재의 문제를 이끌어내는 주제 구현의 방법이나 담론을 이끌어가는 필자의 기량이 충분히 한 세계를 펼쳐나가리라 여겨졌다. 10여 편의 작품 중에서 〈늑대와 살쾡이〉를 당선작으로 선정하였다.

〈늑대와 살쾡이〉는 실상 평범한 이야기에 불과하다. 부부가 한세상 사노라면 별별 일을 모두 겪을 수 있다. 티격태격하면서도 평생 같은 길을 향해 가는 게 부부의 길이다. 때문에 이런 소재를 다루기란 그리 용이하지 않다. 자칫 담론 자체가 독자들에게 식상하게 느껴질 수 있으며, 그런 만치 문학적 형상화가 어렵기 때문이다. 그러함에도 그는 그 흔한 소재를 자기화하여 부부 사이의 관계를 상징과 메타포 안에서 해학적으로 그려내어 읽히는 힘을 갖게 하고 있다. 특히 결미의 반전은 탁월하다.

문장 수련을 오래도록 한 탓인지 순편하고 행간에 담긴 언어적

미감이 작가로서의 자질과 기량을 느끼게 하였다. 단순한 주제, 담론을 통해 전달하고자 하는 메시지의 신기함, 삶에 대한 새로운 해석과 통찰은 아직 미숙하지만, 담론을 이끌어가고 의미화해내는 기량이 충분하다고 여겨 신인상 선選에 넣기로 하였다. 이를 계기로 하여, 이제 출발선에 섰다는 각오로 정진해주길 당부한다.

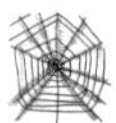

나의 분풀이

조용히 살아가도 부아는 저절로 쌓이게 마련인가 보다. 그냥 그러려니 하고 넘어간 일이며, 바빠서 '어' 하고 넘어간 일들이 가끔 가슴속에서 꾸물거릴 때가 있다.

복잡하고 짜증나는 일이 있어도 가족과 이웃에게 시끄러울까 싶기도 하고, 또 사는 게 피곤하고 바빠서 그냥 슬슬 넘어가곤 했었다. 그런데 같은 일이 반복해서 나를 괴롭히는 데는 당해낼 재간이 없다. 내 성정이 멍청하고 게을러 화를 낼 줄을 모르는데다가, 귀찮게 굴면 무엇에 마음이 상했느냐고 얼르고 달래며 오히려 상대의 마음을 풀어주려고 노력하는 편이다.

그러나 문제는 술이다. 어째 남정네들은 움직일 적마다 술인지 모르겠다. 그것도 적당하면 문제를 삼을까마는, 허구한 날 모이기만 하면 고주망태가 된다. 그리고는 밤늦게 들어와서는 횡설수설 가족들을 한잠도 못 자게 보채고 떠든다. 내 평화의 호수에 돌을 던지고, 심술작대기로 마음호수를 휘적거리는 데는 참을 도리가 없다. 견디다 못한 내 심술보는 잔뜩 부풀어 올라 터질 지경이 되고 만다.

그렇게 나를 긁어대는 자가 누구인가. 그는 남도 아닌, 세상에 둘도 없는 내 남편이다. 몇 해 전 병원에서 목숨을 걸고 수술하기 직전 서약서에 이르길, "마누라가 수술 중에 잘못되어도 감수하겠음." 하고, 눈물을 머금고 사인을 한 일이 있던 내 보호자이다. 자기 목숨보다 나를 더 사랑한다고 몇 번이나 눈물을 찔끔거리며 맹세를 했었다.

그런데 전생에서의 원수가 금생에서 부부로 만난다던가. 그래서 이해를 하고 넘어갔었다. 그러나 워낙 괴팍한 성격인지라 -부아가 나서 오늘은 남편이라고 부르기도 싫은-그날만큼은 도저히 묵과하고 넘어갈 수가 없었다. 내 무딘 성격에도 약이 오를 대로 올라 있었다.

사랑이고 뭐고 인정사정도 볼 것 없이 한번 호되게 후벼 뜯어놓아 멋진 분풀이를 또 한 번 해야겠다는 생각이 고개를 들었다. 내 악랄한 본때를 한차례 보여줄 때다 싶었다. 나는 서서히 날카롭고 억센 손톱과 발톱을 부르르 떨며 곤두세웠다.

그때였다. 취중에도 남편이 이런 내 심사의 뒤틀린 낌새를 눈치 차렸는가.

"드르렁 드르렁." 남편은 코고는 소리로 방안을 흔들었다. 내가 한동안 써먹지 않던 손톱과 발톱을 꺼내어 벼르고 있는 사이 남편은 그만 잠들어버린 것이다.

"쌔~ 애~ 애~." 뜨거운 내 콧김이 김빠지는 소리를 냈다.

"아휴!" 나는 손톱발톱을 자는 사람 앞에서 '확!' 한번 흔들어 보고는 도루 넣어버렸다. '내일 아침에 보자'로 일단 집어넣고 나도 잠자리에 들었다.

아침에 잠이 깨어 그이를 흘낏 쳐다보니, 어제와는 달리 숨소리를 죽여 새근새근 귀여운 송아지처럼 자고 있었다. 자는 동안에 술기운이 다 빠져 버렸는가.

어젯밤에 보았던 그 못된 개고기 같던 표정은 어디론가 사라지고 그저 평화롭게만 보였다. '나는 세상에서 당신이 제일 사랑스러워.' 할 때의 표정 그대로였다. 참으로 기가 차다는 말은 이런 때를 두고 하는 말이던가.

곤해빠진 어린애같이 잘 만큼 잤는지 그는 비시시 눈을 뜨더니 버릇처럼,

"어, 여보! 국 있소."

한다. 속이 쓰린지 국 타령이다. 술이 깬 이튿날이면 어김없이 '후르룩 어! 어'거리며 국을 마시는 사람이다. 나는 자는 동안, 삭아버려 조금밖에 안 남은 어젯밤의 분을 되씹으며,

"아! 그럼 국 있지요. 오늘은 구수한 북어국이지요."

하고, 목구멍에 힘을 주어 대답하고 들기름을 듬뿍 넣은 국 한 대접을 식탁에 놓으며,

“여보, 어젯밤에는 그 $#@%&*$#@ 얼마나 술에 취했는지 밤새껏 &*$@#+= 끌어 붓고 &%$#@* 하여 밤새 시달리고 시끄러워 제대로 잠 한숨 못 잤지 뭐유. 오늘 $#&을 만나거든 흠씬 좀 두들겨 패주고 와요. 다음에 다시는 못 그러게요.”

했다.

그러자 남편은 국을 한 숟가락 떠먹다가 “푸악!” 하고 토해 내며,

“아니? 어제 내가 실수를 많이 했나 부지?”

한다.

“당신이 왜 실수를 해요? $#@&*$*#@ 실수를 하지.”

했다.

남편은 답이 궁한지 떨떠름한 얼굴로 말없이 식사를 마쳤다. 그리고는 출근채비를 서두르면서

“여보, 어제는 미안했소. 오늘 그놈을 잡아 혼내주고 오겠소.”

하고는 집을 나섰다. 나는 대문을 나서는 남편의 뒷모습을 보며,

“여보, 어제는 미안했소?? 그놈을 잡아 혼내주고 오겠소???”

따라해보며, ‘흥! 혼 안 내고 그냥 왔단 봐라. 가만두나.’ 코웃음을 치며 버릇처럼 입 속으로 중얼거렸다.

끝내 내 분풀이는 도로徒勞가 되고 만 것인가.

술도깨비

졸린 눈을 비비며 아줌마는 뜨개질을 한다. 이미 시간은 자정을 향하고 있다.

"이 양반이 오늘 또 늦네. 허구한 날 미치겠어. 정말."

아줌마는 중·고생을 둔 40대다. 연방 하품을 해 대더니, 뜨개를 가슴에 안은 채 소파에 기대어 콜콜 잠이 든다.

그때였다.

탕탕! 타당!

"에잇! 이거 뭐하는 거야! 내가 왔는데도 반기는 놈이 없잖아, 다들 돼진 거야. 뭐야!"

주인아저씨가 대문을 차는 소리다. 이윽고 비틀거리며 들어와 현관문을 당겨 본다. 잠겼나 보다.

“뭐야! 이거, 이 집에서 이거 사람 괄시하는 거야 뭐야. 못 들어오게 문을 잠그셨다 이 말씀이지. 그럼 비상수단을 써서라도 들어가야지 별수 있나!”

술 취한 아저씨는 두려울 게 없다.

“에잇!”

탕! 탕! 연이어 현관문을 찬다. 막 잠이 든 아줌마는 기겁을 하여 문을 열어준다. 그러자 주인집아저씨는 비틀거리며 응접실에 들어와 그대로 쓰러진다.

“아! 내가 오지도 않았는데 문을 잠그다니…. 이 집에서 도대체 날 뭐로 보는 거야 어!”

아줌마는 소파에 앉아 거실 바닥에 누워 소리치는 아저씨를 망연자실 하품을 하며 내려다본다. 한참 후, 물수건을 가져다 아저씨의 얼굴과 손이며 발을 사정도 없이 빠른 속도로 거칠게 닦는다. 닦기를 거부하는 아저씨는 물수건을 빼앗아 아줌마에게 도로 던진다. 아줌마가 인상을 찌푸리는 걸 보니 술 냄새가 지독히 심한 모양이다.

시험 공부하는 중·고생인 주인집 아이들은 문도 못 열어보고 숨을 죽이고 있다. 섣불리 인사하러 나왔다가는 밤새도록 아버지의 연설을 듣던가, 아니면 밤새도록 야단을 맞든지 형편에 따라서는 밤새껏 노래를 불러야 하기 때문이다.

“아! 당신이 나를 괄시하니까. 아이들도 나를 우습게 보는 거

아니야! 아빠가 오지도 않았는데 자빠져 자다니 고얀 놈들!"

"수틀리면 모두 다 날라가는 수가 있어. 어! 모두들 정신 차리란 말이야!"

'누가 할 소리를 누가 해, 으이구!' 아줌마는 속으로 덤빈다. 이저씨는 계속 주사를 부리며 소리친다. 아줌마는 말없이 속으로만 외친다. 이윽고 기운이 빠졌는지 아저씨는 소파에 올라가 코를 골기 시작한다. 그리곤 잠이 든 아저씨에게 담요를 덮어준 아줌마는,

"에구! 지겨워, 이제야 잠들었네. 으이구! 이 술도깨비야."

아줌마는 주먹을 공중에 한번 휘두르고는 방으로 들어간다.

아이들은 책상을 안고 숨죽이고 있다가, 빨리 끝나 다행이라며 킬킬댄다.

오늘 주사는 식은 죽 먹기로 넘어갔다. 심하게 하는 날은 이런 날도 있었다.

세상은 피곤하여 잠이 들고
어이! 똑똑똑
어이! 똑똑똑
잠시 후 다시 똑똑똑… 똑똑똑…
대답이 없다.

에잇! 발길이 화가 났다.
와장창 부서져 내린다.

여러 사람 놀라고 자던 사람 기겁하여
황급히 달려 나온다.

성난 눈에는 도깨비불이 번득이고
졸던 눈에는 지옥불이 타오른다.
죽인다! 죽여요!
부순다! 부셔요! 남북 전쟁이다.

백성들 사시나무 떨듯 떨고
공포의 울음소리 메아리치고
성난 고함소리 진동하고
고통의 울부짖음이
모든 이의 귓전을 울린다.

도깨비불이 흠칫
지옥불도 흠칫
불길이 사그라진다.
고요한 시간이 흐르고
백성들 안도의 숨을 돌릴 때

도깨비는 잠이 들고
지옥은 백성들과 함께 안도한다.
잠을 깬 술도깨비 어진 소 되어 백 배 사죄하고
지옥불은 순한 양 되어 가슴 쓸어내린다.

그런데 기적이 일어났다. 주인아저씨는 거의 20년 동안 마시던 술을 지천명의 나이인 50에 하늘과 땅의 뜻을 아셨는지, 딱 소리나게 술과 담배를 함께 끊으셨다. 요즘 주인아줌마의 얼굴엔 환하게 생기가 돈다. 아줌마는 거실에서 계속 콧노래를 흥얼거리며 즐겁게 뜨개질을 하고 있다.

10년도 훨씬 넘은 세월이 흘러갔다. 영호엄마는 지금도 가끔 놀러온다. 우리는 만나면 옛날에 한집에서 같이 살던 이야기를 하게 된다. 영호엄마의 이야기를 잘 정리해서 수필 한 편 써보았다.

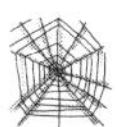

국 한 그릇

꼬끼오! 꼬끼오!~ 휴대폰 모닝콜 소리에 잠을 깬다. 일어날 시간이다. 따뜻한 이불 속에서 나가기가 싫다. 아침에 내놓을 국을 생각한다.

'어제 국이 남은 게 좀 있나?'

생각하며 포근한 이불을 감싸 쥔다. 국 생각에 마음 졸이며 시간은 자꾸 흘러간다. 꼬끼오! 수탉이 또 깨운다.

'아우! 일어나기 싫어, 한 시간만 더 잤음….'

하면서도, 국 생각에 더 이상 누워 있을 수가 없었다. 수탉 소리에 남편도 깼는지,

"어휴! 벌써 아침이야. 여보, 국 있나?"

한다. 어제 술을 마셔서 속이 허한 모양이다. 국 한 그릇만 있으

면 딴반찬이 그다지 필요 없는 그이다. 더군다나 술을 마신 뒷날이니 제대로 된 국이 있어야 한다.

나는 국을 잘 먹지 않는다. 반찬 두세 가지만 있으면 국이 필요 없다. 하지만 그이는 아무리 맛있는 반찬 몇 가지가 있어도 국이 없으면 여러 가지 빈찬도 눈에 보이지 않는 식성이다. 그래서 나는 아침마다 국을 끓여야 한다.

결혼 직후 살림나던 날, 친정어머니의 말씀이 생각난다.

"색시는 신랑의 아침식사를 절대 책임져야 한다. 무슨 일이 있어도 아침에는 뜨거운 국 한 그릇에 따끈한 밥 한 그릇 담아낼 줄 알아야 한다. 신랑의 아침밥을 거르게 하면 색시로서는 제로다."

나는 지금도 그때의 어머니의 말씀을 명심하고 있다.

그러나 국 한 그릇을 맛있게 끓이기 위해, 내가 얼마나 신경을 쓰는지 그이는 모른다. 솟제 국 한 솥을 끓이기는 쉬워도, 한 그릇 남짓 끓이는 일은 신경질 나는 일이다. 이불 속에서 국 끓이는 일로 고민을 하다가 할 수 없이 일어난다. '진작 일어날 걸, 국도 없는데 괜히 꾸물댔네.' 후회를 하며.

"국이요? 국이야 끓이면 되지. 당신 오늘 아침 무슨 국이 먹고 십수?"

"음, 오늘 아침엔 맑은된장국이 생각나는데…."

"맑은된장국? 알았어요."

난방유를 아끼느라 보일러를 잠가 주방은 늘 춥다. 주방에 나와 우선 보일러를 열고, 뚝배기에 물 한 그릇을 담아 멸치가루를 넣어 끓인다. 냉장고를 열어보니, 어제 데쳐놓은 얼갈이배추가 있다. 표고버섯도 있다. 다행이다. 오늘은 배추버섯된장국이다. 팔팔 끓는 멸치국물에 물에 푼 된장을 넣고 배추와 버섯도 넣어 끓인다. 주방에 훈기가 돌고 구수한 된장국 냄새가 퍼진다.

"어! 국 냄새가 좋은데."

기지개를 켜며 그이가 나와 식탁에 앉는다. 나는 국 한 대접을 그이 앞에 대령한다. 김이 오르는 국을 보자, 식성이 발동한 그이는 국 한 숟갈을 떠먹으며,

"어! 구수해."

한다. 나는 남편 앞에 다가앉으며,

"오늘도 성공이다."

라고 나도 모르게 말을 한다. 그러자 국에 밥을 말던 남편은,

"뭐가 성공이요?" 한다.

"으응, 아침마다 국 한 그릇 끓이는 거 말이우."

"으응 성공인데. 국이 구수하고 시원한 게 아주 맛이 좋아."

아침상에서는 다른 반찬에 손이 잘 가지 않는 남편이다. 국에 밥을 말아 맛있게 잘 먹는다.

식사 후에 출근을 하는 그이, 출근을 하고 나면 모든 게 내 세상이다. 다시 침대에 누워 자든 말든, 친구를 불러서 수다를 떨든 말든, 산책을 나가든, 일단 그이가 돌아올 때까지는 자유다.

아침에 남편의 입맛에 맞게, 따끈한 국 한 그릇에 밥 한 그릇을 대령하고 나면, 내 하루 일과 중 반은 해낸 것이다. 나 자신도 20년 간의 직장생활을 해보았기에 그 애로를 안다. 추운 겨울아침 날도 밝기 전에 출근하는 그이가 몹시 안쓰럽다.

가정경제를 책임진 남자들은 정말 불쌍하다,라고 생각하면서…. 어려운 세상에 여자로 태어난 것을 다행으로 여기면서 행복한 투정을 부려본다.

'누가 남자로 태어나래? 나처럼 편하게 여자로 태어나지. 새벽에 일어나 국 한 그릇 끓이는 것은 뭐 그리 쉬운 일인 줄 아나? 그것도 매번 맛있는 국 끓이기가….' 하면서 나는 무슨 큰일이나 해 낸 것처럼, 따뜻한 침대에 누워 버릇처럼 텔레비전을 켠다.

추운 날씨에 출근하는 남편이 안됐다는 생각을 하면서도 말이다.

풍경 속으로

내 서재는 손바닥만 하다. 서재랄 것도 없다. 그저 작은 공부방이다. 그래 답답할 것 같아, 책상 앞에 풍경사진이 든 액자를 하나 걸어 놓았다. 호숫가 옆에 작고 소박한 하얀 이층집이 있다. 간혹 답답하거나 글을 쓰다가 막히면 액자 속으로 슬며시 들어간다.

넓은 호숫가 옆에 밤색지붕, 하얀 벽의 아담한 작은 이층집은 내가 사는 집이다. 집 앞에는 진분홍 꽃이 만발한 커다란 자귀꽃나무가 한 그루가 서 있다. 그 옆으로 크고 작은 싱싱한 정원수들을 거느리고 있다. 길섶으로는 내가 심은 갖가지 꽃들이 만발해 있고, 꽃밭 주변으로 납작한 돌을 깔아 만든 길이 눈에 들어온다.

잘 다듬어진 파란 잔디밭이 소담스럽다. 보고 또 보아도 싫증나지 않는 집이다.

집에서 나와 호숫가 옆으로 길게 뻗은 오솔길을 따라 걷노라면, 멀리 호숫가에 모자를 눌러쓴 낚시꾼들의 모습이 한가롭다. 또 소풍을 나왔음직한 행복한 가족도 보인다. 고만고만한 초등학생들이다. 다섯 식구가 나무 그늘 아래 돗자리에 둘러앉아 맛있게 점심들을 먹고 있다. 그 모습을 보노라면, 내 마음마저 마냥 훈훈하니 행복해진다.

그들에게 방해가 되어선 안 된다. 나는 투명 옷을 입고, 그들 옆을 발소리도 내지 않고 조용히 지나가야 한다. 점심이 끝난 후, 즐겁게 놀고 있는 아이들을 흐뭇하게 바라보는 부모의 모습이 참으로 행복해 보인다.

넓은 호숫가 언덕에 핀 예쁜 들꽃들, 호수의 물 표면을 스치며 날고 있는 제비, 무성한 갈대풀 위를 날고 있는 빨간 고추잠자리들. 그 모두가 행복한 모습이다. 강심에 낚싯대를 드리우고 편히 눈을 감고 있는 낚시꾼을 보며,

"그래 꿈을 낚아라. 새털같이 많은 세월 실컷 낚아보아라."
하며 빈정거리다가도,

"아니지, 그게 아니지?"

실직된 실업자가 괴로운 마음을 정리하고 새로운 계획을 세우기 위해 낚시를 핑계로 조용한 호수를 찾았으리라고 고쳐 생각을 한다. 그러면 그 낚시꾼이 오히려 측은해 보이기까지 한다. 나는

발소리를 죽여 조용조용 걸어 풍경 속의 집으로 들어간다.

사진 속 작은집 식탁에 앉아, 창문을 활짝 열어 놓고, 우리 가족은 저녁밥을 먹는다. 세 식구로 할까? 네 식구로 할까? 반찬은 집 주변 텃밭에서 자란 무공해 채소들이면 족하리라.

시나브로 해가 넘어간다. 하늘의 하얀 구름들이 분홍빛으로 바뀌었다. 호수에 비치는 구름들도 온통 분홍빛이다. 차츰 해가 기울고 이윽고 사위가 어두워진다. 풀벌레들의 노랫소리가 들려온다. 창문을 열어본다. 둥근 달이 떴는가. 세상은 환하다.

"와! 진짜 멋있다."

나는 저절로 음악가가 된다. 슈베르트의 세레나데를 불러본다.

"명랑한–저 달빛 아래– 들리는 소리–무슨 비밀 여기 있어–소근거리나…."

그때였다. "잠 좀 잡시다!" 하는 소리가 나를 꿈에서 깨웠다.

"아이고, 저 화상."

그러거나 말거나 끝까지 내 입에선 노래가 흘러나왔다. 벌컥, 방문이 열리고,

"아니? 당신은 그 작은 방에서 그렇게 큰 소리로 노래를 불러요? 좀 넓은 데로 나와서 하든가?"

남편의 퉁명스런 말투에는 뭔가 불만스러움이 잔뜩 묻어 있다.

나는 급히 풍경 속에서 뛰쳐나와 내 작은 방에 들어와 앉는다.

그리곤 액자를 가리키며,

"깜짝 놀랬잖우. 저 집에 들어가서 기분 내고 있는 중인데."

하면,

"당신은 액자 속에도 다 들어갔다 나오고 괜찮네?"

남편의 의아해하며 빙그레 웃는다.

손바닥만큼 작아도 액자의 풍경을 들여다볼 수 있는 내 작은 방이 있어 나는 마냥 행복하기만 하다. 내 마음 안에 창을 내고 풍경 속으로 언제든 떠날 수 있으니 이 얼마나 좋은가.

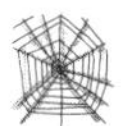

우리 아이들

내가 사는 곳은 시장건물 이층 지붕 위에 지은 오층 아파트다. 직오각형의 건물 가운데 공간은 정원과 놀이터로 꾸며져 있다. 그러니 삼층이 일층인 셈이다. 우리가 삼층이니 복도 쪽으로, 드나드는 문만 열면 앞이 확 트인 푸른 정원이요, 아이들이 뛰어노는 놀이터다.

나는 이 집을 구입할 때부터 직오각형의 아파트 둥근 건물의 모양새가 로마의 원형극장 콜로세움을 닮아 재미있었다. 앞뒤로 막힘이 없는데다가 지은 지도 오래되어 가격 또한 저렴하고 교통이 좋아 사통팔달이다. 그러니 경제가 어려운 우리 집 형편으로는 안성맞춤이었다.

초여름 어느 날 이삿날을 정하고 수리를 할 때였다. 삼층 정원 응달 쪽으로 멍석을 깔고 화투놀이를 하는 할머니들과 삼삼오오 바람 쐬러 나온 사람들과 아기를 태운 유모차를 밀고 다니는 할머니와 할아버지, 놀이터에서 뛰어노는 아이들, 모두가 활기찬 모습들이었다.

내가 보기에도 시내 가운데 이만한 정원과 놀이터는 참으로 귀중한 공간이었다. 찻길 옆도 아니니, 소음과 먼지도 덜할뿐더러 뛰어노는 아이들도 안전하다. 정원수가 많으니 경치도 좋다. 그러니 학교 수업이 없는 토요일과 일요일에는 많은 아이들이 나와서 뛰어놀게 마련이다.

초등학교, 중학교 아이들의 재잘대는 이야기소리와 움직임은 힘이 넘쳐난다. 목소리도 크지만 움직임이 힘차고 생기발랄하다. 이웃이 될 아주머니가 나를 보더니,

"아이들 놀이터 앞이라 이사 오시면 꽤 시끄러우시겠어요."

하며, 걱정을 해 주었다.

"글쎄요? 오히려 아이들 시끄러움에서 생동감을 얻을 수 있을 것 같은데요."

나도 모르게 초면에 걱정해주는 이웃에게 쏘아대듯 대답을 하고 말았다. 내 말을 들은 아주머니는 약간 당황해하는 모습을 보이는가 싶더니 금방,

"참으로 생각을 잘하시네요. 오히려 그렇게 생각하시면 편하시지요."

하는 것이었다.

나는 미안한 생각이 들어 말을 걸었다.

"여기에서 사신 지 오래되셨어요?"

"예. 십오 년을 살았어요. 변두리에 새로 지은 새 아파트로 가고 싶어도, 여기는 교통이 좋고, 여러 가지 편리함 때문에 못 가고 있어요. 아줌마네도 한 번 살아 보세요. 편해서 아마 오래 사실 거예요."

하는 것이다.

좋은 이웃이었다. 부드럽게 말을 걸어오는 이웃에게 날카로운 대답을 했다고 생각하니 미안했다.

"예, 편할 것 같아요."

동의하는 마음으로 대답을 했다.

수리가 끝나고 이사를 왔다. 나는 이웃에 떡을 돌리고 인사를 했다. 토요일과 일요일 오후가 되면 어른이고 아이들이 모두 정원과 놀이터로 몰려나왔다. 여름이니 창문은 열어야 하는데 아이들의 소음이 보통이 아니었다.

인나인 스케이트를 타고 복도를 미끄러져가는 요란한 소리, 축구 볼이 벽에 부딪는 소리, 큰 목소리로 떠드는 소리, 내가 한 말 그대로 아이들은 내게 차고 넘치는 생동감을 느끼게 해주었다. 기운 없는 나는 떠들어대는 아이들에게서 생기를 느끼며 어린 시절을 떠올려보았다.

초등학교 시절, 우리 또래들은 사오십여 세대가 부산피난민촌에서 가난하게 살았다. 좁은 골목길을 뛰어다니며 숨바꼭질에, 시끄러운 깡통 차기에, 공놀이에, 고무줄뛰기에, 줄넘기에 별의별 놀이를 다하며 법석을 떨며 놀았었다. 그래도 어느 집 어른이 시끄럽다고 야단 한번 친 일이 없었고, 어느 친구가 야단 한번 맞은 일도 없었다.

현재 자라나는 아이들은 차세대를 짊어질 우리의 희망이다. 요즘 아이들은 옛날의 아이들보다 밖에서 뛰어노는 시간이 훨씬 짧다. 또 우리 세대들처럼 넓고 아름다운 대자연의 넉넉한 공간이 아닌, 극히 제한된 공간에서, 우리가 겪지 못한 과외에 시달리는 요즘 아이들에게, 어쩌다 생긴 짧은 시간이나마 맘껏 뛰어놀 수 있도록 우리가 배려를 해야 한다. 지금 노년이 그러하듯, 옛날 우리의 부모들도 우리를 귀하게 여겼다고 생각을 하니, 피난민촌에 사셨던 어른들께 새삼 고마움을 느낀다.

60이 되어야 철이 든다고 우리 세대를 키워주신 부모님들이 돌아가신 지 벌써 10~20년의 세월이 지났다. 나는 60대에 할머니가 되어서야 겨우 철이 든 것 같다. 이젠 나도 옛날 부모님들처럼 어린이들의 소중함을 새삼 깨닫게 되었다. 우리의 부모들이 우리들을 귀하게 여겼듯이 우리도 모든 어린이들을 더없이 귀한 존재임을 알리라.

밖이 어둑어둑 저물어도 몇몇 아이들은 놀이에 취하여, 낄낄낄

히히덕 거리며 한데 뭉쳐, 빙빙 돌아가며 집에 들어갈 줄을 모른다.

어머니들이 아이들을 부르는 소리가 들린다.

"상구야! 어서 들어와 밥 먹어라."

"준범아! 너도 어서 들어와라."

아이들이 하나 둘 집으로 들어가자, 몰려다니며 낄낄대던 아이들의 놀이판은 깨어지고 말았다. 갑자기 텅 비어버린, 적막한 아파트의 정원놀이터…….

조용히 가로등이 졸고 있다.

손자설孫子說

아들딸 두 남매를 낳아 딴에는 잘 키워 시집 장가를 보냈다. 그 자식들이 아이를 낳기 시작하더니 몇 년 사이에 도합 손자만 셋이 되었다.

이놈들이 차츰 자라더니, 고집불통에, 심술통에 물인지 불인지도 모르고, 앞뒤 분간도 못하고 날뛰는 불한당들이 되어갔다. 그래도 우리 내외는 이놈들을 한 달만 못 보면 좀이 쑤셔, 저들보다 우리 쪽에서 먼저 전화를 한다.

손자들이 보고 싶다는 통사정이다. 그러면 아들딸 내외는 무슨 큰 보물이나 구경시키듯 새끼들을 데리고 온다. 그리고는 두 늙은이를 차에 태워 맛있다는 집을 찾아다니며 시식을 시켜준다. 그래놓고는 제 새끼들을 실컷 보라고 맡겨 두고는 오랜만에 동창이니 친구니 하면서 모두 사라진다.

물불을 가리지 못하는 손자들은, 텔레비전이나 전축, 전화, 컴퓨터 등 두 늙은이가 사용하는 온갖 도구들을 마치 장난감 여기듯 한다. 그러니 고장이 나고 부러지고 깨져서 구석구석 처박히게 마련이다. 손자들이니 그저 다치지만 않으면 되겠거니 한다.

그렇게 몇 년 동안, 천방지축으로 세월이 갔다. 그 사이 우리집 살림살이는 모두 고물이 되고 말았다. 가끔 기분이 날 때나 우울할 때 듣던 음악도 고장으로 들을 수가 없었다. 수리공을 부르고, 더러는 버리고 새로 사기도 했다. 그런데 어느 사이 요놈들이 제법 커서 지금은 못 다루는 기계가 없다. 컴퓨터에 약한 할배할매를 제껴 놓게 되었다.

함께 나들이하는 날이면 어림 반 푼어치도 없는 제깟놈들이 할배, 할매를 조심시키며 보호를 한다고 야단이다. 하지만, 아직까지도 그 심술통들을 버리지 못하고 이따금 말썽을 부리곤 한다. 품에 자식인가. 그래도 내 손자들이니 귀엽기만 하다.

잠깐 간식을 사러 나간 사이, 이놈들은 귀신놀이를 한다고 이불장에서 그 많은 이불들을 모두 꺼내어, 하나씩 뒤집어쓰고 괴성을 지르며 이방 저방으로 뛰어다닌다. 또 이불을 잔뜩 깔아놓고 터널 뚫는다고 이불 속에 들어가 "두! 두두두두!!"거리고, 이불 위에서 헤엄을 치기도 하고 태권도 시범을 하는가 하면, 레슬링에 거꾸로 구르기에…. 하여튼 이불놀이란 어른들이 눈만 감아

준다면 어린이들 입장에서는 말할 수 없이 재미나는 놀이임에는 틀림이 없다.

옛날 내가 젊었을 때, 내 새끼들이 이짓을 했다면 아마 반쯤 죽여 놓았을지도 모른다. 내 자식놈들은 이 무서운 엄마를 잘 알기 때문에, 이불에서 논다는 건 아예 엄두도 내지 못했다. 그러나 할머니가 되고 나니까 내 마음이 이렇게 태평할 수가 없다. 그때는 요즘처럼 세탁기에 들어갔다 나오면 세탁이 끝나버리는 시대가 아니지 않는가.

당시 모든 직물들은 지금처럼 실용적인 화학섬유와 혼합직물이 아닌 순 자연섬유였다. 더구나 이불은 순면섬유여서 손빨래를 해야 했고, 또 삶아 빨아 풀을 먹여야 했다. 다듬질에 꿰매기에 여간 힘든 일이 아니어서 이불이란 존재를 아주 정하게 귀히 다루었었다. 그러니 이불 위에서 아이들이 뒹굴며 논다는 것은 어림 반 푼어치도 없던 시대였다. 생활이 그랬으니 힘들 수밖에 없었다. 하지만 내 자식들은 가난 속에서도 불평 없이 모두 착하게 들 컸다.

손자 세 놈들이 하도 재미있게 놀기에, 이왕 이렇게 된 바에 실컷 놀도록 내버려두었다. 아니 나도 한 몫 거들어 발차기를 하며 놀았다. 누구 다리의 힘이 더 센가 시합이 붙었다. 나는 일곱 살짜리 외손자와 붙어서 다리질을 하며 내 다리의 힘을 과시해 보였다.

"어디 더 차 봐라! 더 차보라고! 할머니가 너희들한테 질 줄 아냐?"

"좋아요! 할머니 나 힘 엄청 센데요?"

"그래, 얼마나 센가 어디 한번 해보자, 누가 이기나!"

"좋아요!"

어린 손자는 할머니의 다리질에 맞대응하고, 나는 좀 아프긴 해도 참아내며 외손자의 억센 발길을 막아냈다. 급기야 내 아랫배는 손자들의 샌드백이 되고 말았다. 일곱 살짜리 두 손자놈의 네 개의 억센 펀치를 막아내느라, 나는 배에 있는 대로 힘을 주어 근육으로 철판을 깔고, 두 주먹 불끈 쥐고 숨도 안 쉬고 버티어냈다.

한참을 그러다가 철판 깔기에 자신이 붙은 나는, 열 살짜리의 주먹을 막아 낼 수 있을까? 하는 생각에 한번 때려보라고 했다. 큰손자놈은 걱정이 되는지,

"할머니, 내 주먹은 세서 안 될 걸요?"

하더니 한 방 들어온다. 배에 계속 철판을 깔고 있었기에 망정이지, 아니면 큰일 날 뻔했다. 일곱 살짜리의 주먹과 열 살짜리의 주먹의 힘이 이렇게 엄청난 차이가 있을 줄이야….

"아이고! 안 되겠다 안 되겠어."

한 방에 나는 손을 들었고, 까불며 형에게 덤비던 일곱 살짜리들도, 다행히 형님 주먹의 대단한 위력을 알아챘다.

한참을 그러노라니 자식들이 왔다. 친구들을 잘 만나고 왔는지, 서두르며 차가 밀리기 전에 가야 한다며 새끼들을 데리고 부랴부랴 떠날 준비를 차린다. 그들을 보내고 나니 온 집안 천지에 이불이 널부러져 있다. 하나하나 개어, 이불장에 간신히 밀어 넣고는 더 이상 힘이 없어, '한 시간만 누웠다가 일어나야지.' 하고 그대로 침대에 누워버렸다.

하도 춥고 배가 고파서 일어나보니 웬걸, 아침이었다. 한 시간만 한 게, 그만 잠이 들어 아이들의 도착전화도 저녁밥도 다 무시한 채, 문을 죄다 열어놓고 아침까지 그냥 자버린 것이다. 절대적인 나의 보호자 주인양반이 안 계신 날이라서 이렇게 되어버린 것이다.

두 다리가 아팠다. 내려다보니, 발등에서 넓적다리까지 울긋불긋 멍이 들어 성한 데가 없다. 후들거리는 몸으로 겨우 청소를 하고, 밥을 먹고 다시 쓰러졌다. 몸이 무거워 쉽게 움직일 수가 없다. 손자들과 단 몇 시간을 신나게 놀고 몸살이 난 것이다. 하루 종일 뒹굴며 손자들과 놀던 생각을 하니 행복하다. 여름이라 종아리는 내놓게 되고, 보는 사람마다,

"어머나, 아줌마 다리가 왜 그래?"

하며 놀란다. 설명을 하니,

"참, 대단한 할머니네." 한다.

우리도 다른 집처럼 손녀딸이 있으면, 소꿉놀이에 인형놀이에

'해해 호호' 하면서, 힘들지 않으련만 내 팔자에 무슨 손녀딸을 꿈꾸랴. 다음에 손자들과 같이 놀 때는 조심하리라 생각하며, 더 나아가서 손자들에게 평화롭고 아름다운 다음 세대를 기대해 본다.

우리 손자 손녀들이 올바르게 자라서 부도덕한 인간을 구하고, 지구상의 모든 오염, 공해, 질병, 전쟁, 가난에서 인간과 지구를 보호하고 구할 수 있는, 무한한 창조의 두뇌로 자라주는 날을 바라는 건 내 욕심인가.

잔소리

아들며느리가 결혼 직전에 집에서 같이 살겠다고 했을 때, 우리 내외는 거절을 했다. 서로 편하게 살기 위해서였다.

평상시 우리 내외는 속옷 차림으로 응접실이며 화장실로 다니는 게 버릇이 되어 있었다. 그런 사소한 것에서부터 음식이며 여러 가지가 젊은 저희들보다 우리가 더 불편할 것 같았다.

"얘들아, 우리가 더 늙어 이젠 안 되겠다 싶으면 그때에나 돌봐다오. 지금은 펄펄하니 그냥 둘이 살게 해다오. 그리고 너희도 신혼을 자유롭게 살아라."

했다. 아니나 다르랴, 얼씨구나, 하는 게 눈에 보였다. 살림을 내보내고 나니, 신경쓸 일 없이 둘이만 사니까 홀가분한 게 여간 편한 게 아니었다. 먹고 싶을 때 먹고, 눕고 싶을 때 눕고, 누구의 눈치 볼 것 없이, 하여튼 일생 중 제일 편한 태평성대를 만난 것 같았다. 이대로 계속 건강만 유지한다면 더 바랄 게 없지 싶다.

그런데 일도 줄고 둘이서 살다보니 다른 데 신경 쓸 데가 없어서 그런지 잔소리가 많아졌다. 남편에게, 옷은 왜 제자리에 걸지 않느냐, 모자는 왜 아무데나 벗어놓느냐, 과일을 깎았으면 껍질은 왜 찌꺼기 통에 넣지 않느냐, 신문을 봤으면 정리를 해야지 벌려놓으면 누가 치우느냐, 도구를 썼으면 제 통에 담아야지 누구더러 치우라고 그대로 놔두느냐, 내가 당신 종인 줄 아느냐, 이렇게 이사 오기 전에 잘 안 하던 잔소리까지 하게 되고, 남편의 일거 일 투족을 주시하게 되었다.

내 딴에는 별것 아닌 잔소리지만 남편은 몹시 거스르는 모양이다. 잔소리가 시작되면 온다간다 말없이 슬며시 나가서는 술에 취하여 딴사람이 되어 들어온다. 그리고는 옷을 벗어 아무렇게나 보란 듯이 던져놓고, 모자도 획하니 거칠게 던지고는, 빈 식탁에 앉아 큰소리로, "밥 먹읍시다!" 한다. 그러면 말없이 나간 게 괘씸하여 저녁준비도 안 하고 있던 터라 마음이 다급해진다. 그래도 나는 천연하게,

"당신은 어딜 말도 없이 나갔다가 갑자기 들어와서 밥을 달라는 거예요. 술은 왜 또 마신 거예요?"

한다. 하지만 남편은 내 말에는 아랑곳안하고는,

"아! 지금이 몇 시인데 아직 저녁밥도 안 해 놓은 거요!"

잔소리만 듣던 남편이 술의 힘을 빌려, 큰 소리로 덤벼든다.

서로 말꼬리를 붙들고 늘어지게 되고, 왜 그랬는가 설명이나, 변명을 늘어놓게 된다. 아이들 결혼한 후 늘그막에 편하게 살려고 모든 살림을 정리하고, 범위를 줄여 아파트로 오면서부터 생겨난 현상이다.

식구도 일도 줄다보니, 남편의 나쁜 버릇들이 눈에 들어오게 된 것이다. 둘이만 살다보니 서로의 결점을 지적하게 되고, 이젠 나이가 들어 깜빡 깜빡 잊어버리기까지 하니, 서로 누가 그랬느니 안 그랬느니 하면서 자신의 실수를 떠넘기기에 급급하다. 그러다 보니 조용히 넘어가는 날이 없다. 아침에 일어나면 오늘은 또 어떤 일로 다툴까 하는 생각부터 하게 되었다.

7개월 전에는 넓은 일반주택에서 세 세대가 함께 살았었다. 집이 크고 넓으니 화단과 텃밭 일에 늘 바빴다. 눈이 와도, 비가 와도, 바람이 불어도 다 일이었다. 집에 들어가도 일, 밖에 나가도 일, 모두가 내 손이 가야 하는 일들이었다. 그러다보니 남편이 아무렇게나 벗어놓은 옷이며 어질러 놓는 정도는 아무것도 아니어서, 별 생각 없이 주워 걸고 제자리에 갖다 놓으면서 그다지 신경 쓰지 않았다. 때론 복잡하고 일 많은 게 귀찮아서 우리도 다른 집처럼 깨끗하고 편리한 아파트에서 살았으면 하는 생각도 없지 않았다.

마침 도로 계획으로 보상을 받게 되었고, 돈이 적으니 할 수

없이 아파트로 오게 되었다. 아파트에 오니 할 일이 없어, 그렇게 편할 수가 없다. 비가 오나 눈이 오나 바람이 불거나 밖에 나갈 일이 없어졌다. 집안에서만 뱅뱅 도니 깨끗할 밖에. 그러다보니 내 실수에서부터 남편의 나쁜 버릇들이 눈에 보이기 시작했다. 편할수록 양양이라더니, 안 그러자 하다가도 눈에 보이면 말하게 되고, 남편은 잔소리로 듣게 되었다. 그렇게 일곱 달을 티격태격 하다가 급기야는 큰소리가 터져 나오게 되었다.

빠르고 방정맞은 내 입이,

"혼자 사는 사람은 홀가분한 게 얼마나 좋을까?" 했더니,

"아! 누가 할 소린데." 하는 것이다.

그 뒤로 험한 말들이 계속 오가고 한숨과 눈물이 나오고 안 좋았던 옛일들을 들먹이며 황혼이혼까지 나왔다. 화가 끝까지 치밀어 올랐다. 남편도 화가 극에 달한 모양이다. 문을 탕!!! 닫고 나가 버렸다.

"흥! 나가고 싶으면 나가라지. 누가 겁날 줄 아나. #%&×, 0%×0??$×또 어디 가서 술이나 푸겠지."
하면서도, '빈속에 술을 많이 마시면 안 되는데.' 은근이 걱정이 되면서도 여전히 입술은 분풀이를 해댔다. 두세 시간이 지나도 남편은 돌아오지 않는다.

어두워지니 걱정이 태산이다. 저녁 먹을 시간이다. 갑자기 들어와 '밥 먹읍시다' 하면 어떡하나 싶어, 주섬주섬 저녁상을 차리

기 시작했다. 밖이 추운데 들어오면 따끈한 국이 있어야 하는데, 국을 끓이고 밥을 푸고 남편이 금방 들어올 것처럼 바쁘다. 그때였다.

"띵~똥." 나는 뛰어나가며,

"나가요! 당신이에요?" 들어오는 남편에게,

"밖에 추워요?"

반기는 내 말소리에 남편은,

"아니? 별로."

표정 없던 얼굴이 순간 밝아졌다. 식탁을 보더니,

"어유! 국이 맛있겠는데 여보, 미안하오."

하더니 밥을 먹기 시작한다. 취기가 없는 말짱한 얼굴이다. 술을 안 마셨으니 고마운 일이다. 다툼은 이것으로 일단락이다.

나는 속으로 너무 잔소리를 하지 말아야지. 남편의 오래된 버릇을 이제 와서 고친다는 건 무리라고 생각하며, 이젠 서로가 나이 들면서 기억력 감퇴로 실수하는 것을, 누구의 탓도 따지지 않기로 했다. 남편은 화를 삭이려고 십 리도 더되는 겨울 길을 왕복을 했다 한다. 앞으로 주변정리를 잘하도록 노력하겠으나, 만약에 실수했을 경우, 옛날처럼 그냥 넘어가 달라는 것이다.

그날 우리는 서로가 반성을 하고는 일상으로 돌아갔다. 그놈의 잔소리가 문제는 문제지 싶다.

남자는 불쌍해

남편은 불볕더위를 뚫고 우체국을 다녀온다. 보낼 우편물이 있어서이다. 오늘은 일 년 중 제일 더운 중복날이다. 밖에는 지금 화끈화끈 불이라도 날 것만 같다. 그런데도 우리 집 남자는 내게, "오늘 너무 더우니 당신은 꼼짝 말고 집에 가만히 있구려." 하고는, 몇 번이고 몇 시간이고 볼일로 그 뜨거운 불볕 속을 다녀온다. 참으로 고맙다. 그러니 고마움을 아는 내가 공짜로 가만히 있을 수만은 없는 일, 부지런하고 착실한 남자들 편을 들어 칭찬을 한바탕 끓여 부어야겠다.

남편은 겨울에는 춥다고 바깥일을 자처하고, 무거우면 무겁다고, 힘들면 힘들다고 모든 일에 있어 나를 밀어내고 당신이 한다.

남자들은 적극 여자를 보호하며 힘든 일들을 해 나간다. 그렇게 생각하니 남자들은 참으로 고맙다. 집안의 힘든 일을 자처해서 하고 가족의 생계를 위해서는 어려운 일도 불평 없이 감수해 나가니 말이다. 덩치가 남자보다 더 큰 여자들도 많고, 여자보다 작은 남자도 또한 많다. 체격이 큰 여자들이 작은 남자들이 하는 일을 해 낼 수가 있을까? 어림도 없는 일이다. 단 몇 번은 하겠지만 계속해서는 못 해 내리라.

지금 어느 지방 어디를 가나 고가도로공사와 고속철도공사가 한창이다. 곳곳에 고층 아파트와 빌딩공사도 수다하게 진행중이다. 위험하기 짝이 없는 일들이다. 여자들은 흉내도 못 낼 일들이다. 아찔하게 높은 곳에서, 또 언제 무슨 일을 당할지 모를 캄캄한 깊은 곳에서 일이 진행된다. 이렇듯 여러 직종의 위험하고 험한 일들을 남자들은 말없이 해나가고 있다.

부상은 고사하고 사망을 감수하면서도 가정경제를 책임진 가장들이기에 불평 없이 힘든 일들을 해내는 것이다. 여자들은 그 힘겨운 남자들의 안전을 위하여 간절히 기도하며 고마워해야 할 것이다. 남자들이 건강하고 안전해야 우리 가정이 행복하고 사회가 발전하고 나라가 부강해지니 남자들은 참으로 위대하다.

그렇다. 남자들이 하는 일이 얼마나 힘이 들면 남자끼리 만나거나 모이기만 하면 그 독한 소주를 마셔대며 스트레스를 풀려 하는가. 술도 잘 조절하여 마시면 약이 된다. 남자들이 술을 마신다고 무조건 싫어할 일만은 아니지 싶다. 남자들에게는 술을 마셔야 될 일이 종종 있지 싶다. 중독이 아닌 이상 여자들이 이해해야 할 대목이기도 하다.

나는 술 마시는 남자를 이해하느라고 남편의 심한 술사에 고생도 많이 했었다. 하여간 남자들의 일이 여자들의 일에 비해 훨씬 힘든 것만은 사실이다. 남자가 책임지고 힘든 일을 못해내면 남자로서의 능력과 매력을 상실하는 동시에 그 가정은 행복할 수가 없기 때문이다. 가끔은 남자가 능력이나 건강을 잃어, 대신 여자가 가정경제를 짊어진 집도 있지만, 대개는 남자가 가정경제의 책임자인 것이다.

지금은 옛날과 달라 모든 삶의 수준과 학력이 높아짐에 따라 다방면에 능력을 갖춘 젊은 여자들이 경제활동을 많이 하고 있다. 아쉬울 것 없는 능력을 지닌 여자들은 콧대가 있는 대로 높아져, 지나치게 계산적이고 너무 약아져, 결혼을 기피하기도 한다. 그 여파로 훌륭한 많은 신랑감들이 장가를 못 가 아깝게도 노총각들이 점차 늘어난다고 한다. 그래, 오죽하면 외국 며느리들이 몰려오겠는가. 이미 결혼한 남자들도, 자기 여자에게 제대로 대우를 받지 못하는 경우를 종종 본다.

세상은 얼마나 야박하고 험한가. 아차! 하면 왕따에, 걸핏하면 직장이나 일터에서 쫓겨나는 세상살이다. 죽기 아니면 까무러치기로 삶의 치열한 경쟁에 목숨을 걸고 버텨내는 게 남자들이다.

여자들도 경제활동을 많이 하지만, 남자가 버티고 있기에 수틀리면 쉽게 얼마간이라도 일을 그만두고 쉴 수 있는 여유가 있지 않은가. 남자가 있기에 쉽게 포기할 수도 있지만 남자들은 불쌍하게도 그게 아니다. 능력과, 노동력이 쇄진하여 쓰러질 때까지 가정경제를 짊어지고 쉴 새 없이 움직여야 하는 것이다. 내 남편이 바로 그러하다.

힘들게 가정을 지켜내는 남편을 아내는 보호하고 사랑해야 한다. 남편의 품위와 체면을 자식들과 주변으로부터 여자들이 지켜주어야 한다. 대다수의 남자들은 한두 가지 나쁜 버릇은 다 가지고 있게 마련이다. 그러니 여자들은 속이 좀 상하더라도 가정을 지키려는 남자의 입장을 가상히 여겨 어지간한 것은 대충, 너무 따지지 말고 슬쩍, 눈감고 넘어가는 지혜로 용서하고 감싸주어야 할 것이다.

남자를 미워해 본들 오히려 여자 쪽이 손해를 보지 아니한가. 예쁘고 착한 우리 여자님들. 부드러운 손길로 보살피고 용서하고 품위를 지켜주어야 하지 싶다. 행복은 함께 만들어가는 과정이어서다. 요즘 남자들 참으로 불쌍하지 않나요? 안 그래요?

휴대전화

우리나라는 세계적 휴대전화 생산국이다. 그래서인지 사람들은 길을 가면서도 싱글벙글 웃으며 전화를 하고, 또 어떤 상식없는 사람들은 달리는 버스 안에서 싸우듯 화난 목소리로 전화를 하여 여러 사람을 긴장시키는가 하면, 심지어는 공중 화장실에서도 떠들며 킬킬대며 휴대전화로 전화를 걸고 받는 일이 흔하다.

휴대전화가 점점 늘면서 중학생에서부터 젊은이는 말할 것도 없고, 동네 할아버지들도 또 손자손녀를 업은 할머니들까지도 대부분의 사람들이 휴대하고 있다. 바야흐로 휴대전화 시대이다.

몇 해 전부터 아들과 딸이 내게도 휴대전화를 사주겠다고 했었다. 그럴 때마다

“내가 휴대전화가 뭐가 필요하냐. 집 전화가 있는데, 괜히 많은 돈을 들여 비싼 기본요금은 왜 사서 내냐.”
하며 완강히 거절했었다. 어쩌다가 남편의 휴대전화에 신호가 울리면 받을 줄은 알아도, 전화를 걸거나 편리한 문자메시지 등 여러 가지 기능에 대해 무관심했다. 결국 나는 컴퓨터를 할 줄 모르는 컴맹처럼 폰맹이였다.

어려서부터 제 분수를 알아야 한다는 말을 들으며 자란 나는 내게 절실히 필요한 물건이 아니면 아예 사지를 않는다. 그래서 유행이 무엇인지 패션이 무엇인지 신경을 쓰지 않아 지금도 몇 십 년 묵은 옛날 살림에, 십 년 전이나 이십 년 전에 구입한 옷도 내 손으로 늘려 고쳐 입는다. 분수를 지키며 살다보니 어느새 환갑이 넘었다.

가끔 친구들이,
“야, 너도 이젠 남을 위해 살지 말고 너 자신을 위해 좀 살아봐라.”
“얘, 너도 고생도 할 만큼 했으니 이젠 살림도 좀 바꾸고 멋진 옷도 사 입으며 인생을 즐기며 살아라.”
고 한다. 그런 말을 들으면 내 모습이 얼마나 초라하면 저런 말들을 할까? 또는 구두쇠 취급을 받는 기분도 들지만, 가난한 집 칠 남매의 맏딸로, 팔 남매의 맏며느리로 양쪽 집의 맏이 노릇을 평생을 하다 보니, 나 자신도 모르게 검소한 게 몸에 배었나 보다.
살림살이는 물론, 화려한 색상의 메이커라는 옷이며 장신구나

악세사리가 생겨도, 거울 앞에서 입어보고 걸어보고 몇 번이고 해보지만, 내게는 썩 어울리지 않아 그다지 필요 없는 것이려니 여겼다. 그러니 그런 걸 몸에 지니고 다닌다는 건 애초 맘먹지 못하고 어울릴 만한 친구에게 주어버리곤 했다.

친정어머니가 돌아가신 지 20년이 지나도 뱁새니 황새니 하는 말이 떠올라, '뱁새가 건방지게 무슨 휴대전화인가' 라고 생각했다.

몇 해 전부터 뒤늦게 뱁새인 내가, 뭘 좀 배운답시고 대학평생교육원을 다니기 시작하면서 다른 사람들은 모두 휴대전화를 연락번호로 적어 넣기에 나도 모르게 남편의 휴대전화번호를 적어 넣었다. 그래서 연락을 받을 때면 남편이 받아 집에 일일이 연락을 해주게 되고, 그것도 남편이 바빠서 깜빡하면 아예 연락을 받지 못할 때가 종종 있었다.

그럴 때면 나 한 사람 때문에 단체 생활에 차질이 생겨, 여러 사람에게 피해를 줄지도 모른다는 생각을 하게끔 되었다. 문자메시지로 보내고 전화를 해도 받지 않으니 어찌된 일이냐고 젊은이들이 물으면 부끄럽고 창피했다. 또 교회의 일을 맡다보니, 그것도 역시 그랬다. 볼일이 많은 요즘 세상 몇 시간 집을 비울 때면 꼭 사단이 나곤 했다.

산 사람이 집에만 붙어 있을 수 없는 일, '이래서들 모두 휴대전화를 가지고 다니는구나.' 하고 늦게나마 휴대전화의 필요성을 느끼게 되었다.

"엄마, 뱁새도 이젠 휴대전화가 있어야겠어요. 불편해서 안 되겠어요."

속으로 몇 번인가 중얼거렸다.

어느 날 아들이 새로 샀다며 새 휴대전화기를 내보였다. 조그마한 게 손안에 쏙 들어와 아주 예뻤다. 그때 전화벨이 울렸다. 나는 깜짝 놀라 아들에게 전화기를 내밀었다. 아들은 웃으면서 받아보라고 한다.

"여보세요?"

말하기가 바쁘게 남편의 목소리가 들려왔다.

"여보, 아들에게 휴대전화를 선물 받아 좋겠소. 축하하오."

한다. 깜짝 놀란 나는,

"어머, 얘 아들아, 이거 나 주는 거니?"

나는 좋아서 눈물이 핑 돌았다.

"생신 선물이에요. 이젠 어머니도 휴대전화가 있어야지요."

한다. 나는 아들을 둔 보람을 느끼며,

"그래 아들아. 내 요긴하게 잘 쓰마, 고맙다."

나는 작고 예쁜 휴대전화를 계속 어루만졌다. 뱁새도 세상 변화에는 어쩔 수 없나 보다.

제2부
칸초네를 들으며

가을 불면증

오늘 밤도 잠이 오지 않는다. 새벽 두시 반이다. 또 밤을 꼬박 새울 모양이다. 이젠 나이 탓인지, 며칠에 한 번씩 오는 불면증으로 밤이면 잠을 자려고 애를 써도 좀체 잠을 이루지 못한다. 젊어서는 그렇게 잠이 많아 실컷 잠을 자 보는 게 소원이었다. 그러던 내가, 이렇게 잠이 오지 않는 건 아마도 나이 탓이려니 싶다.

이제는 옆에 붙어 귀찮게 구는 아이들도 없으려니와, 남편 역시 눈으로 독화살을 쏘아대면 딴방으로 피해가서 자게 마련이다. 옛날에는 경우 없이 밤새도록 내 가슴을 파고들어, 젖을 물고 늘어져 놓지 않던 아이들도 어느새 장성하여 저마다 짝을 만나 떠나버려 잠자리에 방해꾼 하나 없는 홀가분한 몸이 되었다. 그럼에도, 무슨 큰 고민이나 있는 사람처럼 뒤채인다.

젊어서 가난한 셋방살이 시절, 겨울 밤에는 몹시도 추웠다. 웃풍이 세서 코가 시리고 이마가 싸늘하고 연탄가스가 위험하였다. 거기에다 천근같이 무거운 묵솜이불을 덮고, 귀찮은 존재들을 앞뒤에 붙이고도 꿀맛 같은 단잠을 잤었다. 그런데 이제는 춥지도 않은 아늑한 내 안방에서, 폭신하고 따듯한 침대 위에 꽃구름같이 포근하고 새털같이 가벼운 이불을 덮고도, 왜 잠을 못 자는지 모를 일이다.

외로움과 그리움에 몸부림치는 젊은 여인도 아니다. 시상에 사로잡힌 시인도 아니다. 그렇다고 아름다운 음률에 맞춰 상상의 날개로 오선지 위에서 춤을 추는 작곡가도 아니다. 오로지 늙어간다는 이유 하나만으로 잠을 못 자니 참으로 딱한 일이다.

이제부터 깊어가는 늦가을이다. 이맘때면 나는 고독의 멋진 매력을 지닌 11월의 임을 만나야 한다. 그래서인지 나 자신도 모르게 잠을 못 자고 임을 기다리는지 모르겠다.

11월은 삶의 허무함을 느끼는 끝자락이다. 하지만 고독한 모습으로 찬란한 단풍의 모습으로 내게 다가와 내 마음을 유혹한다. 그래서 나는 당신을 만나야 한다. 그러기 위해 깨끗이 목욕하고 잘 안하던 화장도 해야 한다. 당신이 좋아하는 갈색 머플러와 베이지색 바바리와 하얀 손수건은 꼭 챙겨야 한다. 아무에게도 알리지 않고 홀로 고상하게 차려입고 억새풀 날리는 들판과 언덕을 찾아 나서야 한다.

그러면 들국화 파르르 핀 언덕에 올라, 빨긋빨긋 잘 영근 찔레 열매도, 알알이 잘 익은 남색 약초 열매도 찾아볼 수 있으리라.

마른풀을 뜯는 까만 염소도 만나 보아야 하고 낙엽을 밟으며 높고 푸른 가을하늘을 바라보며 오랜만에 구루몽의 시를 읊으며, 뼛속 깊이 파고드는 고독함의 진미를 맛보아야 한다.

나는 지금 밤을 꼬박 새우며 설레는 마음으로, 11월 당신을 만날 준비를 한다. 잠을 못 자도 좋다. 당신께서 머무시는 한 달만은, 나는 한껏 고독한 가을 여인이 되고 싶다. 감기에 걸려도 좋고 눈물이 나와도 좋다. 하얀 손수건은 있으니까. 나는 당신 앞에서 아름다운 슬픈 가을을 노래할 것이며 당신과 함께 떨어지는 예쁜 단풍을 보며 엘비스프레슬리의 〈낙엽 따라 가버린 사랑〉도 한번 멋지게 불러볼 것이다.

그리고 당신이 떠난 후에도 당신이 다시 오실 계절을 기다릴 것이며, 11월 당신을 영원히 사랑할 것이다. 그러면 불면의 가을 밤을 잘 이겨 낼 것이다.

칸초네를 들으며

결혼식 초대를 받아 오랜만에 춘천행 버스를 탔다. 다행히 자리가 창가이다. 계절은 이미 시월로 접어들어 만산은 홍엽紅葉으로 물들기 시작하고 있다.

가을은 해마다 오고 단풍은 들게 마련이다. 그런데 왜 그리 새삼스러운지, 감격하지 않을 수가 없다. 세상이 이렇게 아름다운데 마음은 그렇지 못하다.

산 언저리엔 들국화가 만발하다. 빨간색도 노란색도 산뜻한 남색도 아니다. 파르르한 연보라가 저토록 예쁘다니, 괜히 코 끝이 찡하는 게 눈물이 나려고 한다.

라디오에선 칸초네 음악이 흘러나온다. 사내의 무겁고 둔탁한 목소리가 애절하고 감미로운 음률의 호소력으로 내 애간장을 왈칵 뒤집어 놓는다. 어머! 나는 그만 눈을 감고 말았다. 순간 그리움이 밀물처럼 밀려왔다. 하지만 그 실체는 눈에 보이지도 잡을 수도 없다. 잠시라도 인연을 맺었던 남자들을 떠올려 본다. 그러나 누구랄 것 없이 확연한 실체가 떠오르지 아니한다. 아니 학창시절부디 관심 있던 남자들을 떠올려 보아도 그럴 만한 대상은 손에 잡히지 아니한다.

그럼에도 왜 이리 안타까운 마음이랴. 이 나이가 되도록 진정한 사랑의 대상을 아직 만나지 못했단 말인가? 그동안 내 나름대로 사랑을 주고받으며 살고 있다고 생각을 하고 있었건만 그게 아니었단 말인가 나는 사랑에 목말라했었는지도 모른다. 〈그리움은 가슴마다〉 라는 유행가 가사도 있다. 누구에게나 잠재의식 속에는 자신의 이상형과 이룰 수 없는 로맨스를 꿈꾸고 그에 대한 애틋한 그리움을 지니고 있나 보다.

철없던 젊은 시절, 사람은 다 거기에서 거기겠지 하고 나 하기 나름이라 생각하고, 내 마음처럼 믿고들 만난다. 하지만 살다 보면 서로가 이건 아니라는 것을 알게 되면서부터 허전해진다. 그래서 까닭 모를 그리움에 젖는지도 모를 일이다.

같은 방향을 바라볼 수 있는 이상형과 만나는 경우가 얼마나 되랴. 그렇기에 주어진 운명처럼 혹여 부족하더라도 서로간의 부족함을 채워가며 때론 사랑을 연출하고, 때론 울분을 달래기도 하면서도 '반은 빈 가슴으로' 살아가는 게 인생이 아니던가.

그럼에도 자신의 감정을 수습하지 못하고 완전한 사랑을 이루겠다고 불륜에 빠지는 일도 더러 있다. 그런 경우 삶의 중심을 잃고 단란한 가정을 파탄으로 몰아가는 경우를 주변에서 종종 본다. 무엇이든 완전한 것은 없지 아니한가.

그렇기에 그리움의 감정을 예술적 감성으로 승화昇華시켜 아름다운 가슴으로 가족과 친구를 대하면 더 나은 삶이 되지 않으랴.

어느새 버스가 목적지에 다다른 모양이다. 나는 혼자 쌓아올리던 상상을 접는다. 라디오에서 흘러나오던 애절한 남자의 칸초네도 이미 끝이 났는가 싶다. 경쾌한 리듬의 노래로 바뀐 버스 안이 갑자기 소란스러워진다. 목적지에 닿은 모양이다.

창 밖의 경치는 여전히 아름답다. 하지만 내 마음은 간데 없이 쓸쓸하기만 하다. 가을은 낭만과 함께 슬픔도 묻어나오게 하는 계절인가 보다. 나는 예식장에서 반갑게 만날 친척들의 얼굴을 떠올리며 버스에서 내려 예식장을 향해 걸었다.

안경을 벗으면

나이가 들면서 차츰 시력이 나빠져, 안경을 쓰지 않으면 선명하게 보지 못한다.

그래 온종일 나는 안경을 쓰고 생활한다. 그런데 이 안경을 건사하기란 여간 녹록지 않다. 워낙 성격이 산만하여 젊어서도 소지품을 잘 잃어버리는 편이었다. 그러니 안경은 정신없는 내게 항상 말썽거리이고, 더운 여름이나 겨울철이면 더욱 그러하다. 하지만 내겐 이 안경이 때로 짜릿한 환시를 보게 해주어 여간 고맙지 않다.

지난여름 삼복더위의 일요일 미사시간이 임박하여 서둘러 성당에 도착했다. 이미 많은 신자들이 와 있었다. 자리를 잡고 앉으니 급히 와서인지 화끈 열이 나며 안경에 김이 서려 할 수 없이 벗었다. 순간, 앞이 뿌옇게 하얀 미사수건을 쓴 신자들이 심판을 받기 위해 모여든 수많은 혼령들로 보였다. 충격적인 모습이었다. 그 많은 혼령의 무리 속에 나도 포함되어 있으니 진지하게 미사를 드릴 수밖에…. 안경을 벗은 미사는 참으로 훌륭했다.

때는 겨울 소한, 대한의 강추위였다. 며느리랑 손자랑 같이 놀다보니 어느새 밤 열두 시가 넘어 있었다. 며늘아기는 택시비를 주며 꼭 타고 가라고 당부를 했다. 집안에 있을 땐 몰랐는데 길에 나서니 쌩쌩한 칼바람에 눈발이 날리고 있었다. 거리엔 차는커녕 사람 하나 없이 황량하기 짝이 없었다. 마침 하얀 눈보라가 바람과 함께 윙윙거리며 천지를 휩쓸고 있었다.

"에라, 한 20분 겨울지옥을 한번 걸어 볼거나."

나는 용기를 내어 걷기 시작했다. 강한 눈보라는 안경 쓴 내 얼굴을 심하게 때리기 시작했다. 앞을 볼 수가 없었다. 안경을 벗으니 앞이 훤했다. 눈보라 속에 차 한 대가 조심스럽게 미끄러져 가는 게 보였다. 추위가 이만 저만이 아니었다. 코가 떨어져 나갈 것 같았다. 한바탕 바람이 불어 얇은 마후라마저 바람에 날려갔는지 보이지 않았다. 또 한 대의 차가 슬금슬금 미끄럼 타듯 지나갔다.

순간 나는 눈보라에 휘말려 날아가고 있었다. 한길 건너편에 누군지 모를 사람이 잔뜩 웅크리고 눈보라 속을 걷고 있는 게 보였다. 뽀얀 눈보라에 휩싸여 마치 혼령과도 같아 보였다. 저만치에 또 한 혼령이 힘겹게 걸어오고 있었다. 그는 아주 천천히 다가와서는 아무 말 없이 내 곁을 비껴갔다. 그들을 본 순간 나도 혼령이 된 듯, 아쉬움에 뒤돌아보며,

'여보세요? 너무 춥지요!'라고 말을 건네고 싶었다. 하지만 입이 얼어붙어 말이 나오지 않았다. 순간 매서운 눈보라는 환상이 되었다. 아름답기 그지없었다. 신비롭다 못해 황홀하기까지 했다.

"우와, 기분 좋다. 미치게 기분 좋다."

나는 춤추듯 걸었다. 빌딩 사이에서 큰바람이 나와 웅웅거리며 눈보라를 몰아냈다.

"눈보라야, 어디 나를 한번 날려봐라. 신나게 날려 봐!"

그렇게 중얼거리며 바람에 몸을 맡겨 가볍게 날기 시작했다. 그때 어디선가 와장창 유리라도 깨지는 듯한 소리가 났다. 우르르 쾅! 무너지는 소리도 났다. 왜 마냥 기분이 들떠 있는지. 길 너머 한 혼령이 또 지나가고 있었다. 그런데 그는 몹시 외로워 보였다.

'여보세요! 어디로 가세요?' 하고 소리치고 싶었으나, 입이 얼어붙어 말을 할 수가 없었다. 그 혼령은 말없이 천천히 눈보라 속으로 천천히 사라지고 있었다.

'아, 여보세요? 당신의 소속은 어디인가요〉 천당인가요? 지옥인가요? 연옥은 어느 쪽으로 가면 되나요?'

나는 마음속으로만 외칠 뿐 입이 떨어지지 않았다. 웅크린 그

사람은 눈보라 속으로 사라졌다. 나를 불러주는, 뒤돌아보는 누구도 없었다.

"아, 외롭다."

사람들은 홀로 움츠리고 고독하게 눈보라 속을 배회했다. 그러나 결코 싫지만은 않았다. 오히려 신비롭고 환상적이었다. 이토록 멋진 고독이 세상 어디에 또 있을까? 추위도 아랑곳하지 않았다. 상쾌한 게 마냥 즐겁고 행복했다. 밤새도록 혼자 걷고 싶었다.

눈보라 사이로 싸늘한 파란 빛이 언뜻언뜻 보였다.

"어머나! 이뻐라 이뻐."

나는 그렇게 중얼거리며 다가갔다. 집 앞 슈퍼간판 네온사인의 불빛이었다.

"어머! 벌써 집에 다 왔잖아."

대문을 밀고 들어갔다. 현관문을 열고 들어서는 순간 응접실과 방에서 전화벨이 심하게 울렸다. 수화기를 들었다. 며느리였다.

"여보세요? 여보세요? 어머니? 전화를 왜 안 받으세요?"

"얘, 택시가 없어서 걸어서 왔다. 그런데 눈보라 속을 걸으니 그렇게 기분이 좋을 수가 없더라."

"어머니도 참, 그 눈보라에 어떻게 걸어가셨어요. 주무시고 내일 가실 걸 그랬어요. 어머니가 가신 뒤 밖을 내다보고 놀랐어요."

"그랬니? 어멈아, 그래도 난 눈보라를 타고 금방 왔지."

"예, 어머니 무사히 가셨으니 다행이에요. 그럼 편히 주무세요."

눈보라 속에 나를 보내놓고 며늘아기는 꽤 걱정이 되었던 모양이다. 안경을 벗고 환시를 보았던 눈보라의 밤길. 그건 어쩌면 환상의 길이었는지도 모른다. 사는 게 힘겨울 땐 가끔 이런 환상에 젖는 것도 좋지 않으랴.

나는 못할 짓을 했다

우리 집 정원에는 감나무를 비롯해서 앵두나무, 살구나무 등 열한 그루의 나무가 있다. 담쟁이를 비롯해 국화, 진달래, 할미꽃, 장미 그리고 여러 종의 야생화도 있다. 봄이면 주먹맨드라미와 나팔꽃까지 심어 늦가을까지 꽃구경을 한다.

어디에서 오는지 꽃이 핀 정원에는 나비들이 종종 찾아온다. 그런 어느 날 말벌이 자주 눈에 띄었다. 찬찬히 살펴보니, 대문에서 가까운 잎이 무성한 사철나무에 큼지막한 벌집이 달려 있었다.

벌이 돌아다니니 가족들은 행여나 쏘일까 염려스러워 피해 다녔다. 나무 밑에서 숯불에 고기도 구워먹을 수도 없게 되었다.

말벌들은 수없이 줄을 지어 나뭇잎 속으로 분주히 드나들었지만, 우리 가족들은 공포의 눈길로 그들을 바로 볼 뿐이었다.

도대체 어디에 벌이 집을 지었단 말인가? 베란다 위에서 나무를 살펴보니 말벌 집은 아름드리 큰 원반과도 같아 보였다.

그 후 이웃사람들은 우리 집에 잠시 왔다 가도,

"어머나! 세상에 이 집은 어떻게 말벌을 다 기우니? 어디 무서워서 놀러오겠어. 빨리 벌집을 떼어버려요."

하고 횅하니 달아나거나, 어떤 이는 대문간에 와서,

"어머, 아직도 말벌이 그냥 있네. 나 무서워 못 들어가!"

하며, 소리를 치고는 그냥 가버리기도 했다.

그런데도 남편은 태무심했다. 어찌해 볼 생각은커녕 오히려 우리 집에 벌이 집을 지었으니 길조라고까지 했다. 허리가 긴, 무섭게 생긴 검정말벌을 그저 바라보며, '허허허' 하며 헛웃음만 흘렸다.

"여보, 저 벌집을 좀 떼어 버려요. 벌에 쏘일까 무서워 마당에 나갈 수도 없고, 동네사람들이 무서워 놀러오지도 못해요. 좀 떼어버려요."

그런 내 부탁에도 남편은 막무가내였다. 그뿐이 아니었다.

"아니, 저놈들도 우리 집이 살기 좋은 집으로 생각하고, 큰 맘 먹고 저렇게 큰 집을 짓고 새끼를 치며 살고 있는데 어떻게 없애나? 죄받지 죄받아."

하는 식이었다. 그리고는 자기도 말벌에 쏘일까 무서워, 말벌의 눈치를 보며 슬쩍 피해 다녔다.

말벌들은 계속 마당가를 붕붕거리며 벌집을 드나들었다. 이웃 사람들은 말벌에게 쏘일까 염려되어 우리 집엔 얼씬도 하지 않았다.

"하필이면 왜 우리 집이야?"

그런 어느 날이었다. 맹호 엄마에게서 전화가 왔다.

"아줌마! 아줌마 신경통 있나? 신경통에는 애벌레가 들어있는 벌집을 통째로 삶아먹으면 즉효래요. 신경통에는 그보다 더 좋은 약은 없대요."

맹호엄마는 자기 친정어머니의 경험을 들먹이며, 그 벌집을 따서 약으로 쓰라고 했다. 아닌게 아니라, 환절기나 흐린 날이면 신경통에 시달려온 나였다. 신경통에 좋다는 말에 그만 말벌 집을 떼어내기로 작정을 하였다.

머리에 망사주머니를 뒤집어쓰고, 긴 소매와 두꺼운 장갑에 완전 무장을 했다. 그 다음으로 벌집 밑에 커다란 면 보자기를 깔아놓고, 빨래 장대로 든든하게 매달린 벌집 줄을 힘껏 때려 떨어뜨렸다. 순간, '좌– 아!' 소리가 나며 말벌 수백 마리가 벌집을 빠져나와 마당가 하늘을 새까맣게 뒤덮었다.

순간 나는 용감하게 나무 밑으로 기어들어가, 보자기에 떨어진 벌집을 급히 싸들고 쿵쿵거리는 가슴으로 기다시피 하여 집으로 들어와 문을 잠갔다. 그리고 얼른 솥에 넣고 불을 붙였다.

밖을 내다보니 수많은 말벌들은 집과 새끼를 잃고, 베란다와 현관문 바깥쪽에 새까맣게 달라붙어 집안을 들여다보며 떠날 줄을 모르지 않는가. 너무 무서웠다. 저 어른 벌들이 가지 않으면 어떡하나 걱정스러웠지만 시간이 지나자 말벌들은 하나둘 떠나기 시작했고, 남은 수십 마리는 사흘이나 떠나지 않았다.

나는 벌집 달인 물을 먹고, 재탕까지 해먹었다. 남편은 칭찬 반 비아냥 반이었다.

"어이구야, 당신에게도 지독한 구석이 있었네." 했다.

다음날 음식 찌꺼기를 묻으려, 정원에서 흙 한 삽을 뜨는 순간, 커다란 지렁이 한 마리가 눈에 띄었다. 기겁을 하고 꽃삽과 찌꺼기가 담긴 대접을 내동댕이쳐 버리고 저만큼 물러났다. 잠시 후 지렁이는 보이지 않고, 나무에는 새끼손가락만 한 시퍼런 유충들이 주렁주렁 매달려 있었다. 나무가 불쌍하다는 생각이 들었다. 흙을 파고 집게로 유충들을 하나하나 떼어내어 땅에 모두 묻어주고 돌아왔다.

그 후 며칠이 지나서였다. 텔레비전에서 방영되는 〈동물의 왕국〉에서 매미며 나비의 유충들이 껍질을 벗고 새로 태어나는 신비한 모습을 보게 되었다. 징그럽다고 땅에 파묻은 그 큰 애벌레들이 분명 매미는 아닌 것 같고, 나비들의 유충을 내가 죽였다는 생각을 하자 마음이 영 개운치 않았다.

며칠 후 다시 텔레비전에서는 자연을 보호하느라 집안 화분에다 지렁이를 키우는 집을 방영하고 있었다. 다른 이들은 공해를 줄이고 자연을 보존하기 위해 징그러운 지렁이를 사랑하며 집에서 키우는데, 나는 이 무슨 못된 짓을 골라서 했단 말인가, 하는 자괴감이 들었다. 그랬다. 보기에 징그럽다는 이유로 효험도 보지 못하면서 약이 된다는 이유 하나만으로 숱한 생명들을 무참히 죽인 것이 아닌가 싶었다.

세상에는 개미 한 마리도 제가 할 일이 다 따로 있지 아니한가. 나야말로 못할 짓을 하지 않았는가? 오래도록 나는 마음이 불편했다.

달력

12월이다. 한 해를 마감하는 마지막 남은 달력이 쓸쓸해 보인다. 요즘 남편은 부지런히 새해 달력을 구해온다. 해가 가려면 아직도 보름은 남았건만, 남편에게는 벽에 걸려 있는 달력이 이미 묵은 달력인가 보다. 때 지난 달력을 내리고, 새해 달력을 걸어 놓는다. 새해를 누구보다도 먼저 맞이하고 싶어선가. 다소 생소하지만 새 달력을 보고 있노라니 문득 새로운 힘이 샘솟는 듯하다.

새로 걸린 달력을 바라본다. 그림이 없는 커다란 지면 한 장에 한 달로 되어 있다. 까만 큰 글씨가 멀리서도 확연하다. 약력과 음력을 동시에 볼 수 있는 대형 달력이다. 하루하루 날짜마다 열

두 띠의 그림이 있고, 24절기가 정확하게 표시되어 있다.

우리 부부가 언제부터 이렇게 무지막지하게 생긴 달력을 선호하게 되었는지는 모른다. 남편은 달력 하나를 들고, "여보, 이거 어디에 걸면 좋겠소." 하고 묻는다. 가장 눈에 잘 뜨이는 곳이 어디냐고 묻는 말이다.

내가 두리번거리며 눈에 잘 들어오는 벽면을 살피는데, 남편은 아무것도 걸리지 않은 빈 벽면에 달력을 갖다 대어 본다. 역시 눈에 잘 들어온다. 이윽고 남편은 드릴을 찾아 못을 박으려 한다. 나는 화들짝 놀라, "여보 거기는 빈 공간으로 그냥 두기로 했잖아요." 하며 손을 저었다.

벽면 사방을 다 채우면 산만할 것 같아 보인다. 벽면 하나는 깨끗이 비워 놓기로 한 것을 남편이 그만 잊었나 보다. 그러자 "아참, 그랬던가?" 하며, 남편은 막 하려던 일을 그만 놓았다.

옛날 같았으면 꽃그림이 있는 달력이나 풍경화 아니면 정물화, 그도 아니면 유명화가의 그림이 있는 달력을 구했을 것이다. 그러노라 연말이 가까워오면 단골은행이나 서점으로, 마을 병원을 순례하곤 했다. 그리고는 그 멋진 달력을 액자처럼 걸어놓고, 한 달 한 달 다른 그림으로 넘어갈 때마다 새로운 기분을 느끼곤 했었다.

그러나 그림 달력은, 글씨가 잘고 음력이나 절기 표시의 글씨가 너무 작아서 자세히 보지 않으면 잘 보이지 않는다. 그래, 자칫하다가는 중요한 날을 그냥 넘어가기가 일쑤였다. 실상 그때는 달력의 숫자보다는 그림에 더 신경을 썼기 때문일 것이다.

달력의 숫자는 거침없이 잘도 넘어간다. 조상님과 부모님의 제삿날, 결혼기념일, 아들딸 생일날. 또 있다. 아들 군대 가던 해와 아이들 대학졸업한 해, 결혼시킨 해, 거기에 손자들의 생일날, 공휴일, 국경일, 대통령을 선거하던 해가 표시되어 있다.

그뿐인가. 크게 다쳐 고생하던 해, 몹시도 아팠던 해, 철없던 시절 부부가 다투었던 많은 날들이 기록되어 있다. 집을 짓던 해, 태풍이 오던 해, 홍수가 나던 일도 무심히 달력에서 되살아난다. 아니, 죽느냐 사느냐 하며 병원에서 수술을 받던 해, 정년퇴직하던 해, 심지어 문주란 꽃이 피던 날, 우리 집 애견 까순이를 잃었다 찾은 날도 그 안에 생생하다. 이렇게 수많은 사건이 달력에 빼곡이 박혔던 요일과 날짜들이 슬픔과 기쁨을 번갈아 가져다주며 해와 달을 떠다밀며 한장 한장 거침없이 넘어갔다.

지금은 이미 다 넘어간 해와 달과 요일과 날이지만, 개중에는 특별나게 못된 해와 달과 날도 있었다. 별것도 아닌 그 한 자리 숫자를 높이 치켜들고 버티고 서서 나를 괴롭혀, 그 하루하루가 너무 고통스러워 울부짖은 날도 한두 번이 아니었다. 인정사정도 없이 내게 덤벼올 수많은 잔인한 날들이 너무 무서워, 그 모든 날들을 한꺼번에 피하려고 마음먹은 적이 한두 번이 아니었다. 그렇게도 기세등등하고 의기양양해 하던 달력의 수많은 나날들도 별수 없이 하나둘 내게서 사라져갔다.

태풍이 지나가고 홍수와 가뭄도 지나갔다. 또 수없이 많은 유혹과 가난과 풍파를 힘겹게 견뎌내는 나를 비웃으며 못된 날들은 요일과 숫자를 지리 밟고 지나가고 또 지나갔다. 그래, 용케도 견디어온 의지意志의 나날들이었다.

하지만 희망과 사랑을 가져다주던 행운의 날도 많았지 싶다. 나는 그날을 얼마나 기다리느라 밤잠도 설치고 가슴을 두근거리며 행복에 겨워 손꼽아 기다렸던가. 그 착한 숫자는 나에게 행운을 약속하기도 했었다. 그런 날들은 즐거운 날이었고 사랑과 보람의 날이었다. 그날 그 사랑스러운 두 자리 숫자는 나에게 부드럽게 다가와 살며시 포옹해주며 희망을 속삭여 주었고, 진정 사랑과 희망과 행복을 가져다주었다. 그렇게 나에게도 좋은 날들이 꽤 많았다.

이제 세월은 저만치 있다. 나이를 먹어서인지 가끔 요일이나 날짜 개념이 분명하지 못할 때기 있다. 무엇을 하는 건지 어물쩍거리다 보면 하루가 넘어간다. 잠자리에 들 때면 '아까운 하루가 또 가는구나.' 하는 아쉬운 후회를 하면서도 이제는 어디에 소속을 둔 몸이 아니어서 그런지 달력을 자주 볼 필요가 없어졌다. 가끔은 은행이나 우체국에 볼일이 있게 마련인데도….

요일이나 날짜 개념이 분명치 않은 나는, 깜빡하고 잊어버리곤 한다. 이젠 토요일도 쉬게 되어, 더 그런 증세가 심하다. 내 마음대로 날짜를 미리 앞지르든지 아니면 뒤늦게 계산하여 약속을 어겨 급하게 전화를 받고 허둥댈 때가 있다. 또 제 날짜에 병원에 가지 않아 약이 떨어질 때가 있고, 세금을 제 날짜에 내지 못하는 날도 가끔 생긴다. 긴장이 풀릴 대로 풀렸다. 치매가 오지 않나 하는 걱정도 없지 않지만….

시간에 쫓기어 뛰고 달리던 무수한 나날들, 과로로 쓰러지던 그 날들. 단 몇 시간이라도 수면을 취하고 싶었고, 단 하루라도 모든 걸 다 내려놓고 쉬고 싶었던 날들도 달력을 대하면 가만히 다가온다.

다시금 깨끗한 새 달력을 바라본다. 한 장 한 장 넘겨보며 까만 숫자, 파란 숫자, 빨간 숫자를 쓸어주며, “내년부터 너희들은 모두 희망과 행운의 날들이 되어다오.” 그렇게 되기를 나는 믿고 사랑한다. 나는 다시 달력을 쓸어본다. 생생한 숫자들이 무언의 메시지를 준다. ‘하루하루 우리들 숫자를 보람있게 활용해 주세요.’ 하는 것 같다.

‘그래 맞아. 오늘이 지나가면 오늘은 다시 안 오지, 운동을 하든지 책을 보든지 해야지 시간이 얼마나 아까운데.’

나는 벌떡 일어나 책장에서 읽을 만한 책을 찾아본다.

행복한 노년

"나는 어제 거울을 보고 깜짝 놀랐다우. 염색한 지 얼마나 됐다고 벌써 머리가 허연 게 칠십이래도 곧이 듣겠더라니까? 그래 당장 미장원에 가서 자르고 염색을 했더니, 십 년은 더 젊어 보이지 뭐이우. 이게 다 세월에게서 받은 훈장인데도 달갑지 않으니 원……."

친구, 내 얘기 한번 들어보겠나. 사실 나는 간절히 바라던 노년이 되었다오. 세상에 태어나기 바쁘게 풍파에 시달리기 시작한 나는 세상살이가 너무 힘겨워 몇 번이고 죽어버릴 궁리까지 했었지 뭐요. 그런데 개중에는 형편이 너무도 딱한 풍파들이 있어, 이러지도 저러지도 못하다 보니 어느새 노년이 되었지 뭐요.

노년이 된 건 좋은데, 몸은 병병하고 모습은 늙어 형편없이 초라해졌지. 힘도 줄어, 젊어서처럼 박차고 날쌔게 달릴 수도 없거니와 무거운 것도 제대로 다룰 수가 없고, 일을 신속하게 처리할 수도 없게 되었지. 거기에 사고방식도 시대에 뒤처지고 기억력까지 어정쩡하지 뭐이겠나. 내가 이렇게 된 모습이 무서웠는지 목숨을 바쳐 돌봐야 했던 사나운 내 풍파들이 어디로들 하나둘 슬금슬금 떠나버리지 않겠나. 하기야 거울에 비친 내 모습을 내가 봐도 영 이상하더라니까….

나도 태어날 땐 누구처럼 아름다운 세상을 멋지게 한번 살아보려고 했었지. 그런데 세상에 나오기가 바쁘게 내게 무슨 미운털이 박혔는지, 세월도 싫어한다는 풍파라는 놈에게 그만 붙잡히고 말았지 뭐이요. 그놈은 명색도 가지가지라. 처음엔 폭언으로 나를 괴롭히기 시작을 했네. 말도 못하는 어린이에게 언어폭력을 퍼부어대더니 연이어 죽음이라는 놈이 덤벼들어 젊은 아버지를 빼앗아 나를 아비 없는 아이로 만들었지 뭐이겠나? 그랬으면 되었지. 그것도 모자라서 장애라는 짓궂은 놈까지 합세하여 돌짜리 나에게 지체장애자라는 멍에까지 씌워놓았지 뭐인가.

그러고도 또 뭐가 불만인지. 어린것이 알지도 못하는 공산주의라는 사상의 회오리에 던져 넣었어. 그래서 그 넓은 만주대륙을 떠돌다가 두만강을 건너 결국에는 삼팔선까지 넘게 되었지. 어미 품에 안겼으니 그래도 거기까지는 좋았어. 그놈의 풍파란 놈은 누구의 편한 꼴을 못 보는지. 이번에는 난데없는 6·25전쟁을 일

으켜, 전세계를 떠들썩하게 만들고 숱한 사람을 죽였지 뭐인가. 그래도 나는 워낙 재고 눈치가 빠른지라 전쟁 통에도 폭격을 피하고 퍼붓는 총알을 피하여 간신히 살아났지. 그런데 그놈은 살아있는 내가 몹시도 못마땅한 모양이었어.

그 놈은, 파란 수초가 자라고 물고기가 곰실곰실 놀고 있는, 잔잔한 내 작은 희망의 호수에다 돌을 던지기 시작했지 뭐인가. 고통과 역경을 투하하기 시작했어. 말하자면 불행의 함포사격이었어. 십대 소녀에게 갑자기 엉뚱한 놈의 출세욕으로 인한 사기극과, 인간 생산의 육아의 고통을… 노동과 가난과 폭행과 병고가 숨 돌릴 틈도 주지 않고 한꺼번에 쏟아져 들어오지 않겠나. 졸지에 감당키 어려운, 차마 나는 눈 뜨고 볼 수 없는 가난한 비극배우가 되어, 급기야는 비참한 인생극장 무대에 서게 되었지. 그것도 능력미달 지체3급 장애자의 초라한 모습으로 말이야.

비극의 여주인공이 된 나는 스트레스에게 폭행당하는 장면을 수없이 연출해 내야 했고, 장애의 몸으로 강제노동을 견뎌내야 했었지. 공부는 해야겠고 밤마다 어린 나는 책가방을 들고 이 학교 저 학교를 기웃거리며 동양공부를 해야 했어. 고사리 손으로 뼈 빠지게 벌어온 노동의 대가를 꼬박꼬박 바쳐도 스트레스의 행패는 그치지를 않았지. 심지어는 밤 노역에까지 끌려다녀야 했지 뭔가. 과로로 수없이 쓰러져도 놈들은 전혀 동정의 여지도 없었지. 무심한 그들이었어.

내 젊은 눈에 언뜻 언뜻 아름다움이 잠간씩이나마 얼룩져 보이던 세상은 온통 핏빛으로 보이다 어둑어둑한 잿빛으로 보이다 하더니, 결국은 깜깜하니 일말의 희망도 보이지 않게 되었지 뭐이나. 하지만 나는 그들에게, 시달리는 참혹한 무대에서 나를 극도로 괴롭히며 고통을 가하는 그들에게 나는 자신도 모르게 목숨을 바쳐 헌신을 했던 거야. 괴롭히면 괴롭힐수록 힘들면 힘들수록 보호능력을 발휘하며 나도 모르게 본능적으로 그들을 사랑하고 있었어.

한편으론 그들이 몹시 밉고 원망스러웠지. 그들은 나를 먹지도 못하게 잠도 못 자게 공부도 못하게 평생을 들들 볶아 불행의 구덩이로 몰아넣을 작정이었으니까……. 그런데 그놈들은 어떻게 된 일인지 고분고분 말 잘 듣는 내가 아깝지도 않은지, 그냥 버려두고는 가버리지들 않겠나? 농담처럼 미안하다는, 말 한 마디씩을 남기고… 내 당시 어렴풋 예상했던… 너희가 아무리 그래도 내 늙어지면 심히 굴지 못하리라 했던…….

그 예상이 용케 들어맞아 그놈들은 하나 둘 떠났지. 나는 좋아서 춤을 출 것만 같았어. 편하기 그지없었지. 편하다 못해 오히려 적적하고 허전하기까지 했어. 그놈들이 모두 떠나가고 두려워할 것도 눈치 볼 것도 없는 휑한 이 마당에서 흉판을 벌려 실컷 흉을 보고나니 꽁하고 막혔던 속이 뻥! 하고 뚫리는 것 같았네그려…….

하지만 웬지 눈물이 난다네. 떠나간 그들이 오히려 그리워진다네. 그들도 모두가 슬픔의 주인공들이었으니까… 오죽했으면 능력 없는 내게 들러붙어 나를 들볶으며 살았겠나 싶은 게, 오히려 미안한 생각이 들었다네. 내 여러 가지로 부족하여 좀 더 잘해주지 못한 게 미안할 따름이라네. 그들은 떠나면서 아둔한 나에게, 생각지도 않았던 많은 유산을 남겼지 뭐요. 멋진 유산이었어.

굳센 의지와 삶의 멋과 진실과 이해와 진정한 용서를, 아름다움을 보는 눈과 행복할 줄 아는 마음을 남겨주었지 뭐인가. 그러고 보면 나는 그대들에게 준 것 이상의 많은 유산을 받았다는 생각이 들어 오히려 고마운 마음이 든다네.

얄미운 풍파들이여, 그동안 고생시켜 미안하네. 어디에 가 있든 이제는 평안들 하시라. 우리 다시 비참한 청춘극장무대에 설 일은 두 번 다시 없겠지? 우리의 구차한 시대의 연극은 이미 막을 내릴 것 같네그려.

친구, 지루하지 않았나? 쓸데없는 신세타령을 하다 보니 벌써 밤이 깊었네그려. 그럼 오늘 밤도 편안히 잘 자게나.

다시금 시작하다

요즘은 만사가 귀찮고 우울하다. 무엇 때문에 사는지 모르겠다. 울적해도 때가 되면 배는 고프고, 집안일로 외출을 해야 한다. 연일 볼일을 봐야 하고 쓸고, 닦고, 씻고, 움직여야 한다. 사는 게 귀찮지만, 만물이 소생하는 화창한 봄이다. 온갖 꽃들이 피고지고 또 핀다. 사람들은 가볍고 화사한 옷차림으로 거리는 아름답다. 음식점마다 사람들로 붐빈다. 활기가 넘치는 모습들이다.

힘을 내어 그들을 따라해 본다. 우선 음식점에 들어가 한 그릇 사먹고, 시장 근처 번화가의 옷가게에 들어가 멋진 옷도 입어보고, 가구점에도 들어가 보고, 그릇가게의 예쁜 그릇들도, 또 진열

장 속의 악세사리를 한참씩 들여다본다. 도무지 사고 싶은 게 없다. 내 주제에 멋을 부려봤자 무슨 효과가 있겠으며 또 좋은 물건들을 가져본들 잠시일 뿐, 만족할 수 없는 노릇이기에 모두 다 포기하고 찬거리와 과일을 사들고 집으로 들어온다.

전에는 큰 시장을 갔다 오면 집에 들어서기가 바쁘게 콧노래를 부르며 반찬 만들기에 바빴었는데, 만사가 귀찮아 봉투째 냉장고에 확 밀어 넣고는 그냥 누워버린다. 때가 되면 바빠질 것을 뻔히 알면서도 말이다. 무엇을 사왔는지 생각하기조차 싫다.

벌렁 침대에 누워 버릇처럼 텔레비전을 켠다. 못된 장희빈이 나온다. 성질이 나서 리모컨을 눌러 채널을 바꾼다. 이차대전이다. 소련군과 독일군의 피 흘리는 치열한 전쟁이다. 서로 누가 더 많이 죽이기 내기다. '아이, 끔찍해.' 다시 누른다. 외국영화다. 또 총싸움이다. 먼저 총을 맞은 놈이 숨이 넘어가면서도 상대에게 총을 쏘려는 아슬아슬한 장면이다. '저놈들은 왜 저렇게 총질들을 하지? 모두가 미친 거 아냐?' 다시 채널을 바꾼다. 역시 외국영화다. 벌거벗은 젊은 남녀가 끌어안고 정신없이 입술을 빨아댄다.

'미쳤어 대낮에 이런 걸 상영하다니, 어린것들이 보면 어쩌려고.' 화가 치밀어 리모컨을 힘껏 누른다. 약 선전이다. '에잇! 눌러.' 옷 선전이다. 더욱 짜증이 난다. 계속 누른다. 젊은 그룹가수들이, 번쩍이는 현란한 조명 아래 펄펄 뛰며 노래를 부른다. '아! 정신없다.' 다시 채널을 바꾼다. 중국 무사들이 칼을 들고 홱홱 날아다닌다. 모두 헛지랄이다. 계속 누른다. 교육방송이다. 미인 여선생이 수학문제를 푸느라 수고를 한다. 숫자만 봐도 '골치가 아프다.' 아예 텔레비전을 꺼버린다. 그리곤 천정을 보며 뇌까린다.

아! 살기 싫다. 살면 뭘 해, 병신같이 썩어빠진 냄새나 풍기면서…. 누구는 뭐 냄새가 안 나나 인간은 누구나 다 마찬가지지, 그런데 왜 나는 세상이 싫고 귀찮아 꼼짝도 하기 싫지? 또래들은 모두가 씩씩하게 잘들 사는데, 나는 왜 이 모양일까? 무엇 때문일까? 이유는 없다. 내 비위를 건드리거나 시비를 거는 누구도 없다. 그냥 세상 돌아가는 꼴이 보기 싫고, 만사가 귀찮다. 죽었으면 싶다. 아무리 생각해도 그럴싸한 묘책도 더 이상 희망도 없다. 나날이 늙어가니 점점 더 초라하고 추해질 뿐, 나를 반겨줄 누구도 긴히 할 일도 없다. 더 살아 봤자다.

가자! 저승으로, 이렇게 계속 우울할 바엔 어스름한 저승에 가서 속이 풀어질 때까지 실컷 울어나 보자. 또 죽어야 그리운 부모님도 만날 수 있을 거고, 하면서 편히 죽을 장소를 물색해 본다.

산새가 아름답게 한창 단풍이 든 바위산 아래, 넓은 강가 후미진 곳, 하얀 갈대꽃이 날리는 멋진 갈대 숲속에 향긋한 마른 풀을 깔고 누워, 둥실 떠가는 흰구름을 바라보며 슬픈 이별노래를 부르며 죽고 싶다. 그러나 지금은 봄이다. 갈대 싹이 한창 자라고 있다. 갈대가 자라서 꽃을 피우고, 가을바람이 불어와 흔들릴 때까지 기다려야 한다. 화려한 봄과 지루한 여름을 한숨으로 기다릴 생각을 하니 짜증이 난다.

그런데 밖에서 강아지가 나오라고 현관문을 긁어대며 낑낑거린다.

"아! 시끄러워. 혼자 놀지 왜 귀찮게 구니?" 강아지는 심심하니 놀아주고 예뻐해 달라고 계속 짖어댄다. 할 수 없이 일어나 밖으로 나간다. 강아지는 좋아서 어쩔 줄을 모른다. 품에 안기며 쓸어달라고 머리를 들이민다. 말끄러미 쳐다보는 강아지의 맑은 눈이 너무나 예쁘다.

나도 모르게 강아지를 안고 욕실에 들어가 목욕을 시키고, 길게 자란 발톱을 깎고 빗질을 해준다. 강아지는 훨씬 더 예뻐졌다. 꼼짝하기 싫던 내가 갑자기 부지런을 떤다. 강아지 똥을 치우고 마당을 쓸고, 화분에 물을 주고 화초 잎을 다듬었다. 마당이 훤해졌다.

정원의 나무들은 새잎이 나와 생생하고 앵두꽃과 살구꽃이 만발이다. 죽고 싶다는 생각을 어느새 깜박 잊고, 나도 모르게 콧노래를 부르며 냉장고에서 찬거리봉투를 서둘러 꺼낸다. 다시금 시작한다. 내 삶은 내 것이기에….

비탈길

시인 프로스트가, 걷고 싶었던 아름답게 단풍든 두 숲길을 걸어보지 못함을 아쉬워하듯, 사람은 누구에게나 인생의 출발시기인 청소년기나 청년기에는 꼭 걷고 싶었던 아름다운 길이 있다. 그 길은 본인의 선택에 의해 걷게 되는 경우, 본인의 의사와는 관계없이 타인에 의해, 또는 환경에 의해 걷게 되는 경우도 있다.

생각해 보면, 분명 내게도 걷고 싶었던 두세 갈래의 아름다웠던 길이 있었다. 처음에는 끌어주고 도와줄 사람이 있었던 음악인의 길이었고, 두 번째는 대학에서 국문학을 공부하여 국어교사이자 작가가 되는 길이었다. 형편이 어려워진 후에 내 눈에 들어온 아름다운 세 번째의 길이 또 보였으니, 경제적 어려움을 겪는 시기라서 그랬는가. 나 자신의 모든 삶의 욕망과 물질 욕을 버리고 순수한 신앙과 봉사로 겸손하게 살아가는 수도자의 길이었다. 그렇게 나에게도 분명 걷고 싶었던 나름대로의 아름다운 길은 있었다.

그러한 내게 가장 중요했던 중학 시기에 갑작스런 경제파산으로, 선택의 길은 여지없이 무너지고 말았다. 선택권을 잃은 나는 하는 수 없이 삶의 능력을 상실한 타인에 의해-지나친 가난에 의해- 방향타(진로)를 철저히 무시당한 채, 햇살도 비추지 않는 음산한 깊은 계곡 험한 비탈길을 걸을 수밖에 없었다.

바위가 부서져 내리는 비탈길을 걷기 시작했다. 그 길은 때로는 돌에 부딪고, 돌부리에 채는 길이었다. 평탄한 길이 어디쯤 있음을 알면서도 한번 접어든 험난한 비탈길을 도저히 빠져 나올 수가 없었다. 같이 걸어야 하는 사람들과의 기상천외한 환경에 맞물려 도저히 헤어질 수가 없는 사이가 되고 말았다. 아무리 고생이 되어도 끈끈한 정 때문에 그들을 떠날 수 없게 되어버린 것이다.

그들과 어울려 험난한 길은 걷다 보니, 후회도 고통도 무디어 갔다. 우리는 비탈길에서 계속 넘어져 다쳐도 울지 않았고, 엄살도 부리지 않았으며, 누구의 탓도 묻지 않았다. 사실 우리의 삶은 엄살을 부릴 수도 탓할 수도 없을 정도였다. 어떻게 걸어야 비탈길에서 넘어지지 않고 안전하게 걸어갈 수 있을까를 의논하고 방법을 모색해야 했다. 힘들어도 잘 참아냈기에 험난한 계곡 비탈길을 수십 년 간 걸어 무사히 내려오게 된 것이다.

갈팡질팡하는 사이, 공상에나 있을 법한, 넓게 탁 트인 한없이 넓고 아름다운 푸른 대평원이 나타났다. 계곡에서는 매우 위협적으로 시끄럽게 곤두박질치던 물살도 물고기가 노닐고 가재들이 춤추는 맑은 시내가 되어, 푸른 들판 몇 군데를 구불거리며 크고 작은 맑은 개울이 되어 흘러갔다. 밝은 햇살이 눈부시게 쏟아져 내렸다. 숲에서는 과일 익는 향긋한 냄새와 새들의 노랫소리가 들려왔다. 다람쥐와 꽃사슴도 깡충거리며 뛰어놀았다. 드넓은 초원을 수놓은 찬란한 들꽃 무리들, 춤추는 벌·나비들의 향연이 벌어졌다.

"우와! 멋지다 아름답다! 이렇게 좋은 데가 있다니. 나 이제 여기에 머물러 살리라. 이제 험한 비탈길 걷기는 끝이다. 사계절의 아름다운 숲과 푸른 들을 거닐고 뒹굴며 꽃들과 어울려 다람쥐, 사슴과 동무하고 눈부신 햇살 아래 시냇물에 발 담그고 새들과 같이 노래 부르며 벌·나비와 같이 춤추며 살리라. 고통을 인내하며 살았더니 주님께서 내게 이곳 에덴의 초원에서 노년을 즐기며 살라고 허락하셨구나. 나 이제 이곳에서 행복하게 살리라. 내 명이 다하는 그날까지 행복하게 살리라."

행복한 노년을 맞이한 나는 그래도 소싯적에 가지 않은 아쉬운 길을 그려본다. 프로스트처럼…. 학창시절 내가 걷고 싶었던 그 아름답던 길들 중의 어느 한쪽의 길을 선택하여 걸었어도 험난한 계곡 비탈길을 평생 걸어야 하는 고통은 겪지 않았을 것을, 나는 이따금 후회하기도 한다.

제3부
광안리 바다

책 한 권

험준한 바위와 바위 사이를 건너다가 내딛는 발 길이가 조금 모자랐는가, 천야만야 바위 골짜기로, '악'하는 짧은 비명을 남기고 추락했다. 순간 아찔! 몸서리치며, "팔로쵸위츠! 아! 팔로쵸위츠!" 하고 안타깝게 부르짖었다. 그 순간 나는 잠자리에서 일어났다. 꿈이었다. 잠시 잠이든 사이에 꿈을 꾼 것이었다. 그런데 왠지 현실과 하나도 다를 바 없었다.

온몸에 땀이 흥건했다. 심장마저 쿵쿵거렸다. 팔로쵸위츠가 불쌍했다. 꿈이어서 다행인가 싶었다.

'벌써 옛날의 일인데 내가 왜 이럴까?' 하지만 팔로쵸위츠가 불쌍하기만 하다. 나는 이불을 감싸 안고,

"팔로쵸위츠는 너무 불쌍하다 너무 불쌍해." 하고 중얼거렸다.

내 나이 스물셋이었을 때인가. 직장 친구가 힘들어하는 내게 역경을 이겨내라며 책 한 권을 선물했었다. ≪길은 멀어도≫라는 책이었다.

작가는 팔로쵸위츠와 함께 탈출조를 만들어 소련 강제수용소 탈출에 성공한 폴란드 청년 슬라보미르 라위쯔이다.

이 책을 읽은 지도 어언 40년도 훨씬 지났다. 그렇건만 나는 아직까지도 그들의 위험천만하고 아슬아슬한 탈출과정을 잊을 수가 없다. 그때에 그 책을 읽음으로써 나는 극심한 고생을 이겨나갈 수 있는 면역체를 갖추게 되었다.

그때 나는 아홉 식구의 가장이었다. 중풍환자인 부모와 대학생 오빠에서부터 갓난아기에 이르기까지, 직장생활의 수입으로는 생활밖에 되지 않았다. 오빠도 중학생 과외 두 팀을 맡았다. 하지만 두 부모님 약값과 교육비가 식비를 능가했다. 그러니 매일 쪼들려 내 머릿속 돈 계산으로 정신을 차릴 수가 없었다.

십여 년 전부터 시작된 고생이 끝날 줄을 모르고 그 고통은 더해갔다. 퇴근길에 초등생 지도 두 집을 뛰고, 직장에서 상업행위 금지인데도 나는 비밀리에 화장품을 판매하였다. 스포츠댄스 교습생을 모집해 무도관에 알선하는 일이며, 큰 폐단弊端 없이 돈이 되는 일이면 무슨 일이든 머리를 짜내어 뛰고 또 뛰었다. 밤 10시가 넘어 가족들이 모두 잠든 시각에야 귀가했다. 그러나 내 일은 여기서 끝이 아니었다. 중환자인 부모들이 버려 내놓은 옷을 빨아야 했다.

여름에는 한참을 가야 하는 깜깜한 개울에서, 겨울엔 어두운 공동우물에서 도둑빨래를 해야 했다. 빨래를 하고 나면 그날 일과가 끝이 났다는 안도감으로 잠자리에 들 수가 있었다. 입이 짧아 식사량도 적었다. 기껏 네다섯 시간을 자고 새벽에 일어나 식구들이 먹을 밥을 지어 놓고, 출근을 해야 했다. 그러니 항상 잠이 부족했다. 그러다가는 한 달에도 두어 번은 빈혈과 과로로 쓰러지곤 했다.

동료들에게 업혀 직장 의무실에서 링거를 맞으며 두세 시간 자고나면 피곤이 좀 가시어 살 것 같았다. 그렇게 나는 몇 년 동안, 의무실 단골손님이었다.

피곤에 지친 어느 날이었다. 직장에서의 점심식사 후 친구와 나무 밑에 앉아 쉬고 있었다. 나는 불쑥 친구에게,

"얘, 나 살기 싫다. 나 피곤하고 쪼들려 죽겠다. 나 그냥 죽어버리면 우리 집은 어떻게 될까?"

하는 말이 나도 모르게 불쑥 튀어나왔다. 친구는, 당황해 하는 표정으로,

"네가 또 쓰러질 때가 되었나 보다. 그런 소릴 하는 걸 보니."

하였다.

"그래, 때가 되었나 보다. 그래도 난 무섭지 않아. 너 기절 좀 해봐라 그 순간만은 아주 몽롱한 환시幻視의 즐거움을 맛볼 수 있을 테니까."

내 말을 들은 친구는 내 어깨를 툭 치며,

"너 그러다 진짜 죽을라. 그런데 네 관상에는 명이 아주 길 단 말이야."

하는 것이었다. 내 대답이 채 정리가 되기도 전에, 작업을 알리는 벨소리가 울려 우리는 작업실로 향했다.

다음날, 그 친구가 불쑥 내게 책을 선물했다. 시간이 없는 나는 틈틈이 책을 읽는 버릇이 있지만, 그 책을 든 이후 책을 손에서 놓을 수가 없었다. 나도 제2차대전의 억울한 전쟁포로 일곱 명과 같이 탈출조가 되었다.

한겨울 구소련 툰드라 지방인 벨호얀스크의 303 강제 포로수용소를 빠져나와 얼음이 둥둥 떠가는 레나 강을 헤엄쳐 건넜다. 몸이 얼지 않게 옷이 마를 때까지 계속해 달려야 했다. 주민의 신고가 두려워 낮에는 인적을 피해 눈 집을 지어 그 속에서 잠을 자고, 밤에는 행군을 했다. 행군 중에 추위에 떨며 울고 있는 전쟁에 부모를 잃고 방황하는 17세의 소녀 크리스티나를 만나 합류했다. 이들은 아름다운 바이칼 호수에서 봄을 맞았다. 그리고는 몽고 고원을 거쳐 굶주림의 고비 사막에서 아깝게도 그 예쁜 크리스티나와 착실한 폴란드 장교 마까오스끼를 잃는다.

이들의 목적지는 신변보호를 받기 위해 2차 대전과 무관한 중립국가인 인도였다. 고통의 탈출 강행군은 계속되었고, 먹을거리는 그때그때 현지에서 해결했다. 하지만 굶는 날이 더 많았다. 이윽고 그들은 기온차가 심한 중국의 메마른 티베트 고원에 당도 한다. 하지만 굶주림과 과로로 리투아니아 태생의 28세의 유능한 청년 건축가 마르친고바스를 그곳에서 또 잃게 된다. 살아남은 다섯 명 대원들의 슬픔은 이루 말할 수가 없었다.

신중하고 지혜로운 미국인 스미스 씨, 힘들 때마다 유머로 대원들에게 용기를 주었던 개그맨 프랑스인 자로, 사고력이 뛰어난 젊은 폴란드 장교 슬라보미를 리위쯔, 몸집이 큰 억척장사로 힘든 일을 도맡아 하던 너그러운 라트비아의 지주 콜로메노스, 이들은 탈출에 성공하여 인도에 입국하여 본국으로 돌아간 사람들이다. 각자 나라마다의 언어로 1년 동안의 탈출과정에서 현지주민을 갑자기 만날 때면 교대로 통역을 하며 의사 표시를 해 나갔다.

그들은 티베트 고원을 지나서 험준한 히말라야 산맥으로 들어섰다. 에베레스트 산 준령이 겹겹이 포개진 험난한 수많은 산을 넘고 또 넘어 부탄을 지나면 바로 인도였다. 그러니까 탈출의 마지막 고비이자 가깝고도 위험한 탈출구였다. 이를 악문 다섯 명의 대원이 마지막 고비를 넘고 있었다.

하지만 비극은 이것으로 끝이 아니었다. 강인한 폴란드 군인 39세의 팔로쵸위츠가 추락사한다. 아쉽게도 인도 입국 하루를 앞두고, 팔로쵸위츠는 추락사한 것이다. 나머지 대원들은 울며 그를 찾아 헤매었으나 그의 육신을 찾을 수가 없었다. 그의 유품은 수통과 모자뿐이었다. 나는 미칠 것만 같았다. 먼저 죽은 대원들에 대해서는 그냥 슬프기만 했는데, 팔로쵸위츠만은 너무나 안타까웠다.

1941년도의 일이었으니까 내가 태어나기도 전의 일이었다. 그러나 ≪길은 멀어도≫라는 탈출기를 나는 '65년도에 읽었다. 당시 책을 읽는 순간부터 힘들었던 내 삶을 이겨 나갈 수 있었고, 내 일생 인생살이에 큰 면역체가 되었다.

그들의 불안한 잠자리와 먹을거리, 탈출범이라고 신고하여 잡히거나 사살되지 않을까 하는 불안감, 갑작스런 기후변화의 두려움, 다음에는 누가 죽을까 하는 두려움, 너무나 멀고 먼 목적지, 그들이 겪어야 하는 악조건은 나에게는 없었다. 책을 읽으면서 그런 것들을 느끼는 순간 나는 마음에 안정을 찾게 되었다. 그리고 오히려 행복감마저 느끼게 되었다. 내가 하는 건 고생도 아니다. 악착같이 몇 년만 더 버텨내면 된다. 오빠가 졸업하고 군에 갔다 올 때까지 동생들이 좀 더 클 때까지 부모님 건강이 회복될 때까지 견뎌내야겠다는 굳센 의지력과 행복을 이 책 한 권에서 얻게 되었다. 그리고 즐겁게 살기로 하였다.

토요일과 일요일은 도시락을 싸지 않으니 죽을 쑤어먹는다. 일요일이면 우리 아홉 식구는, 모두 모여 쇼 단원이 되어 어린 동생들은 라디오의 팝음악에 맞추어 춤을 추었고, 모두 다 돌아가며 유머를 구사하고 웅변을 하고 노래를 불렀다. 일요일이면 죽을 먹어도 행복했다.

≪길은 멀어도≫를 쓴 작가 슬라보미르 라위쯔 씨에게 감사하고, 또한 책을 선물한 루시아 친구에게 지금도 감사하고 있다. 나는 아직까지도 그 책을 보물처럼 간직하고 있다.

광안리 바다

푸른 바다가 눈에 선히 떠오르며 문득 고향이 그리워진다. 몇 해 전부터 가을이 되면 고향 생각에 그리움이 사무치게 한다. 올해라고 예외가 아니다.

그래선지 때 없이 광안리 바다가 그립다는 말을 밥 먹듯 하게 된다. 보다 못한 남편이,

"다녀와요. 차편도 좋은데 무슨 걱정이요."

그렇게 남편은 쉽게 답을 한다.

그러나 막상 고향 나들이를 하려면 엄두가 나지 않는다. 강원도 원주에서 부산 광안리까지는 그리 가까운 거리가 아니다. 서둘러도 7-8시간은 걸려야 당도할 수가 있다. 고향에 도착하여도, 반가운 친구들의 모습을 찾기는 어려울 것이다. 설령 있다

해도 그들을 만날 방법도, 반가워할까도 걱정거리다. 떠나온 공간이 너무 깊고 넓어서이다.

오랜만에 고향에 가면 우선, 부모님 산소부터 찾아봐야 한다. 형제들도 있으니 일일이 찾아봐야 하고, 그런 연후에야 다니고 싶은 곳을 찾다보면 족히 사나흘은 걸릴 것이다. 그러려면 비용도 수월찮게 들 것이다. 예전과 비교하여 교통이 편해졌다 해도 주머니가 두둑하지 않으면 고향 나들이는 쉽지만은 않다. 그래서 집안의 큰 행사 때에만 황급히 다녀오곤 한다. 그러다보니 청춘은 어느새 가버리고 노년의 문턱에서 고향을 그리워할 밖에 없다.

6·25전쟁이 터진 다음해에 서울 신설동을 떠나 거의 걷다시피 하여, 봄 3월에야 산과 바다가 어우러진 광안리에 정착하였다. 그리곤 결혼하여 집을 떠나기 전, 20년을 넘게 그 곳의 청정한 자연 속에서 살았다.

마을 뒤로 우뚝 솟은 수려한 황령산에는, 세 군데의 계곡이 있었다. 계곡마다 작은 폭포에서 흘러내리는 물은 군데군데 세 개의 개울을 만들며, 광안리의 넓은 논과 밭 사이를 흘러, 광안리 바다로 흘러 들어갔다.

산 아래에는 황령산의 수려함과 파란 하늘과 흘러가는 흰구름을 품어 안고 있는, 커다란 쌍둥이 연못이 있다. 수많은 수초와 갈대 물말 등, 붕어를 비롯한 여러 종류의 물고기가 살고 있었다. 연못 둑에 올라서면 고깃배가 떠 있는, 갈매기가 춤추는 푸른 광안리 앞바다가 한눈에 바라보였다.

봄에는 봄꽃 핀 황령산을 오르내렸다. 여름에는 작은 폭포가 쏟아지고, 뽀얀 물안개를 안고, 싱싱하게 핀 분홍 물봉선이 군락을 이룬 계곡으로 자주 올랐다. 가을엔 들국화가 만발하고 빨간 찔레 덤불과 억새가 춤추는, 푸른 바다가 훤히 바라보이는 황령산 입새에 올라, 바다를 보며 목이 터져라 소리 높여 노래를 부르기도 했었다. 행여 산에 오르지 못한 날은, 쌍둥이 연못에서 물방개를 잡고 수초에 앉은 고추잠자리를 쫒다가, 뱀을 보고 놀라, 뛰어내려와 맑은 개울에서 멱 감고, 송사리 집을 만들었다.

바다로 가는 길목에는 바람에 소살대는 대나무 숲이 있어 그 숲길을 아주 좋아했다. 대숲을 지나가면 호랑이가 웅크리고 있을 것만 같은 어둠침침한 소나무 숲이 있었다. 피난민촌에 사는 또래들은 항상 붙어다녔다. 소나무 숲길을 지나야 바다로 갈 수 있었다. 우리는 소나무 숲만 보면 긴장하여 모두 입을 다물고 조용해졌다.

그리고 누구랄 것도 없이 달리기 시작했다. 모두가 웃옷도 입지 않은, 짧은 반바지에 맨발이었다. 얼마나 빠른지 무섭다는 생각도 잠시뿐, 백사장으로 들어서고 있었다.

"호랑이 나온다!" 하고 모두 소리를 지르며 해당화핀 백사장으로 뛰어들었다. 파도가,

"솨 아." 소리를 내며, 해당화 핀 백사장까지 밀려왔다가곤 했다. 우리는 모래밭에 주저앉기도 하고, 뒹굴기도 하며 소나무 숲

에서 달려온 휴식을 취했다. 수평선에는 멸치잡이 통통배가 까만 연기를 풀어 올리고, 하얀 갈매기들은 가까이에서 끼룩거렸다.

백사장에서 뒹굴던 또래들은, 겁도 없이 밀려오는 파도에 뛰어들었다. 파도는 아이들을 안고, 바다 쪽으로 들어가다가 다시 파도에 실어 해안가로 밀어내곤 하였다. 우리는 개구리헤엄을 치며 맑은 바닷물 속에서 지치도록 놀았다. 얕은 물, 모래 속에는 반들거리는 대합조개들이 있었고, 해변에는 여러 모양의 예쁜 조개껍질들이 널려 있었다.

해운대쪽 약수 산 해변에는 동글동글하고 반들거리는 까만 자갈돌들이 한없이 깔려있었다. 잘그락거리는 까만 돌 틈 사이에서 고물거리는 작은 소라와 게들을 만나기도 하고, 파도가 부서지는 따개비와 까만 조개가 다닥다닥 붙은 왕바위에 올라가 돌김을 따 먹기도 했다.

동네아이들 모두가 경치 좋고 아늑한 수영초등학교에 다녔다. 아치형 돌 교문 앞에는 두 마리의 돌사자가 학교를 지키고 있었다. 아이들은 보자기에 싼 책보를 들든지 허리에 동여매고 좁은 논길 밭길을, 들꽃 피는 수영성을 걷고 달리며 삘기를 빼 먹고, 뱀 딸기와 찔레순 껍질을 벗겨 먹으며 학교에 다녔다. 허리에 매달린 책보에서는 필통과 먹고 난 빈, 양은 도시락이 달그락거렸다.

학교 동산 너머엔 반 아이들이 자주 놀러갔던, 임진왜란 때 수영성을 지키다 용감하게 전사한 수영용사들의 비석이 모셔진 멋진 의용당이 있다. 선생님의 행진곡 풍금소리에 발을 못 맞춘다고 야단을 맞으며 어두워지도록 행진연습을 했을 때가 몹시 그립다. 가난했던 옛날, 선생님들은 때가 꼬질꼬질한 초등생들을 재첩이 많이 나는 잔잔한 수영강에 데리고 가곤 하셨다. 서로 등을 밀어주고 히히거리며 모래로 이를 닦던 그때가 그립다.

지금은 광안리에서 해운대까지, 세계에서 제일 긴 광안대교가 놓였고, 세계관광특구로 지정되었다고 한다. 밤이면 파도 소리 들리던 달빛 밝은 고요한 밤바다가 관광지로, 밤이면 불야성을 이룬다고 한다. 자주 올라갔던 황령산에는 황령터널이 뚫렸고, 벚꽃나무를 심어 새로운 아름다움을 갖추었다고도 한다. 아쉽게도 쌍둥이연못은 자취를 감춘 지 오래되었고, 수영초등학교 자리는 공원으로 꾸며졌고, 의용당은 새롭게 단장되었다는, 용케도 연락이 닿은 동창을 통해 이야기를 들었다. 광안리가 얼마나 아름답기에 세계관광특구가 되었을까? 내 고향이 자랑스럽다.

동창과 전화를 하고나니 광안리가 더 그립다. 택시를 타고 광안대교를 달려 해운대 동백섬에 가보고 싶다. 전철을 타고 황령터널을 지나고 싶다. 황령산에 올라 현대화된 광안리 바다를 바라보고 싶다. 공원이 된 학교에도 의용당도 수영강도 모두모두 보고 싶다. 그러나 어쩐지 마음이 아프다. 문명에 밀리어 고향의 옛 모습이 사라졌으니, 가서 본들 무슨 소용이 있을까? 청정자연 내 고향 광안리가 문명의 병으로 고생을 하고 있다는 생각이 들어 마음이 편치 않다.

때로 그리움은 가슴에 묻어야 한다. 고향의 추억을 가슴에 간직하기로 하고, 고향 가는 일을 그만두기로 했다. 아름다운 고향은 내 가슴에 머물러 있다. 어릴 적 추억의시 한 소절 지어본다.

〈내 소녀의 바닷가〉

내 소녀가 놀던 바닷가/ 해변엔 해당화 피고/ 해당화 꽃잎 사이로 파도가 부서지면/ 푸른 바다 위 하얀 돛단배 뜬다./ 어촌마을 돌담 아래 붉은 봉숭아 터지듯/ 피던 분홍해당화/ 솨~ 아~ 솨~ 아~ 바다의 노랫소리에/ 소녀가 스르르 잠들어/ 해당화 핀 해변을 거닌다./ 갈매기의 하얀 날개로 바다 위를 날아본다.

친정 어머니

세상에서 누가 제일 보고 싶으냐고 물으면 거의가 어머니라고 대답할 것이다. 그렇다. 늙어버린 이 나이에도 어머니가 제일 보고 싶다. 나이가 들어갈수록 어머니가 점점 더 그립다. 아마 계속 철이 들어가는 징조일 게다.

어머니가 돌아가신 지 20년도 훨씬 넘었건만, 지금 어머니가 계신다면 실컷 한번 효도를 할 수 있을 텐데, 하고 생각해 본다. 어머니가 돌아가신 1982년, 대체로 가난했던 세월에, 우리는 있는 돈, 없는 돈 다 끌어대어 땅을 사고 집을 짓고 몇 년 간 계속 빚에 쪼들리는 형편이었다.

어머니는 나와 같이 사셨지만 당시 너무 어려워서 제대로 못해 드린 게 가슴이 아프다. 반신불수로 20년을 넘게 고생하신 어머니, 그때는 왜 혈압약도 없었는지, 그때만 해도 모두가 가난에 허덕이던 때였다. 그렇게도 간절히 필요로 했던, 지금은 고물상에 가도 구할 수 있는 흔해빠진 휠체어를, 그때는 너무 비싸서 구입을 못했으니 참으로 가슴 아픈 일이다. 미장원이나 마을 병원에 가실 때마다 다리를 절룩거리며 힘겨워하시는 어머니의 뒤를 의자를 들고 따라다녔었다.

우리 집은 만주에서 부유하게 살았다. 너무나 젊고 예쁜 친정어머니는 일어, 중국어, 러시아어를 멋지게 구사하시는 소학교 교사였다. 소프라노로 세레나데를 부르시던 멋진 숙녀였다. 6·25 전쟁이 터지기 직전, 그러니까 삼팔선을 넘기 전에 나는 유아였다. 방학을 하면 어머니는 나를 업고 말마차를 타거나 인력거를 타고 장춘으로 하얼빈으로 내 팔을 수술하러 다니셨다.

한국에 나와서도 팔관절을 앓느라고 바싹 마르고 빈혈이 심한 나를 열 살이 넘도록 업고 시설 좋은 병원을 찾아다니셨던 어머니. 교회의 안수목사들을 찾아다니며 안수를 받게 했고, 틈만 나면 나를 끌어안고 눈물로 기도를 하셨던 어머니다. 어렵던 피난 시절 가난한 이웃을 내일처럼 돕던 인정 많은 어머니다.

그런 내 어머니가 오래오래 사시면서, 내가 나이 들면서 점점 먹새가 좋아져 건강해지는 모습을 보셨으면 얼마나 좋아하셨을까. 나와 같이 사셨던 어머니는 먹새가 적어, 40세가 되어도 약해빠진 내가 늘 걱정이셨다.

"두 숟갈만 더 먹어라. 고걸 먹고 어떻게 움직이겠니."

하시며 식사 때마다 조금만 더, 조금만 더 하고, 밥 한 숟갈이라도 더 먹으라고 재촉하시던 어머니. 내가 곤히 잘 때면 달게 자는 게 아까워서 못 깨우겠더라 하시던 어머니다.

내 나이 열네 살 때였던가. 재혼을 하시면서 가정경제가 무너져 갑자기 살기 어려워지자 나를 혹독하게 고생시키신 어머니다. 나를 때려놓고 우셨던 어머니, 그 후로 점점 더 생활이 어려워지고 산후풍으로 반신불수가 되어, 평생을 아들도 아닌 가난한 딸을 의지해야만 했던 어머니. 불쌍한 내 친정어머니, '이 세상에서 내 딸이 제일 예쁘다'시던 어머니, 내가 아플 때면 무엇 하나 도와주지도 못하여 옆에 앉아 한없이 우시던 어머니, 돌아가시기 전 나에게 당신이 재혼하여 나를 죽도록 고생시켰노라 그렇게 후회하셨던 어머니, 불쌍한 내 친정어머니.

어머니를 생각하면 가슴이 미어진다. 살아계실 때 내가 투정은 부리지 않았는지, 어머니의 마음을 상하게 한 일은 없었는지 생각해보지만, 어찌 투정을 부리지 않았겠으며 마음 상하게 해 드린 일이 왜 없었겠는가. 하지만 어머니는 그 모든 걸 그저 흘러 넘기셨을 것이고 나는 기억을 못하는 것뿐이리라. 이제 와서 후회를 하고 그리워한들 무슨 소용이랴. 이미 떠난 버스인데…. 하지만 문득 어머니가 보고 싶을 땐 미칠 것만 같다. 가난했던 옛날이 원망스럽다.

'하늘에 계신 어머니, 이 못난 딸을 용서 하세요. 어머니를 생각하면 가슴이 아픕니다. 제 잘못이 있었다면 용서해 주세요. 하늘나라에서 부디 건강하세요. 어머니는 건강만 하시면 절로 행복하실 거예요. 어머니 부디 행복하세요.'

이제도 어제와 같이 친정어머니를 그리워한다.

정든 나무들

십 년 전에 도로계획에 묶였던 우리 동네가 현실에 부딪히게 되었다. 남의 일만 같았던 십 년이 어느 사이에 현실로 돌아왔다. 시市에서 서류가 날아오더니, '감정단'이라는 사람들이 몇 번 왔다 간 뒤, 도장을 찍으라는 서류가 날아왔다. 개발을 하는 것도 아니고, 도로를 넓히는 일이라 어쩔 수 없이 투덜투덜 불평들을 하면서도 한 집 두 집 도장을 찍기 시작했다. 그러더니 급기야 몇 집만 남기고, 한 달 사이에 이웃 거의가 도장을 찍고 말았다.

혁신도시로 발표가 난 후여서 땅값이며 집값이 하루가 다르게 뛰기 시작했다. 이웃들은 보상비로, 집값이 더 오르기 전에 사려고 뛰어다녔다.

"아줌마넨 어떤 집을 샀어요. 어디에 샀어요?"

이런 인사말이 오가더니, 한 집 두 집 울먹이며 이사를 떠났다. 넓은 터에 정원을 꾸미고, 푸른 숲 속에서 28년이나 이웃하며 살다가 울먹이며 뿔뿔이 흩어지게 된 것이다.

"울기는 왜 우나. 좋은 아파트로 가면서."

하고 말을 했지만, 내 마음도 울적하기는 매일반이었다. 노년이 된 우리 부부는, 아들과 의논 끝에 집과 살림을 줄여서 교통이 편리한 시내 복판에 있는 소형 아파트로 가기로 했다. 더 늙으면 집 관리도 힘들고, 연료비와 교통비 절감과 청소할 범위를 줄이기 위해서다.

이삿날이 잡히자, 몇 십 년 동안, 정성껏 키워온 화초들을 아깝지만 남아 있을 이웃들에게 나누어주었다. 이삿날이 점점 가까워지자, 이웃들이 와서 나무들을 캐어가기 시작하였다. 나무들이 다른 집에 가서라도 잘 살아주기를 바라는 마음이 간절했다.

분홍꽃눈이 내리고 노란 살구가 조롱조롱 달리던 살구나무. 빨간 구슬이 총총히 달리던 앵두나무. 겨울 내내 까치가 와서 쪼아먹던 홍시감나무, 또 사계절 변함없는 아름드리 회양목이며, 봄여름 내내 혼자서 붉은 잎을 자랑하는 단풍나무. 또 봄의 향수인 라일락, 독특한 향의 산초, 굵은 나무로 자라 초봄에 집안을 밝혀주는 개나리, 매혹의 홍매화, 말벌이 집을 지었던 우산 모양의 무성한 사철나무 등 애지중지하던 나무들이 내 손에서 떠나버렸다.

집과 낡은 담장을 사계절 색색의 옷으로 갈아입혀 주는 담쟁이

덩굴이며, 대문을 멋지게 장식해주던 덩굴장미, 진달래, 할미꽃, 나리, 금낭화, 도라지, 국화, 고들빼기, 씀바귀 등 모두가 풀만 뽑아주면 군말 없이 절로 피고지는 내 친구 같은 존재들이었다.

동네고양이가 살금살금 나무 위에서 놀다가, 우리 집 까순이와 눈이 마주치면 고양이는 나무 위에서 앞발질로 약을 올리고, 약이 오른 까순이는 두 발로 서서 올려다보고 짖으며 자주 싸우던 모습이 눈에 선하다. 꽃이 필 땐, 벌나비들이 찾아와 노래와 춤을 추었고, 열매가 익을 땐 뭇새들이 찾아오던 정원이었다.

마지막으로 말벌이 집을 지었던 사철나무가 잎을 부르르 떨며 뽑혀 나가는 순간, 내 마음은 송두리째 뽑히는 것 같더니, 울컥 눈물이 쏟아지기 시작했다.

"아! 어떡하니 너희들을 다 보내다니 이게 어찌된 일이냐?"

나는 방으로 들어가 엉엉 울었다. 남편도 따라 들어오며,

"바보같이 울기는 왜 우나. 어쩔 수 없잖아."

하지만 남편은 눈물을 보이지 않을 뿐이지, 속으로는 분명 울고 있는 것만 같았다.

봄 가을 우리 내외가 매달려 정성껏 가지치기를 하던 우리 자식들 같았던 나무들이 아닌가. 아들딸 결혼시켜 분가시킬 때에도 이렇게 섭섭하지는 않았었다. 그런데 나무들이 하나둘 뽑힐 적마다 가슴이 뭉클뭉클하더니, 마지막 나무가 뽑혀 나갈 땐 끝내 울음을 터뜨리고야 말았다.

"미안하다 애들아! 다른 집에 가서도 고운 꽃을 피우고 열매

맺으며 잘 살아라."

나는 마음속으로 그리 빌고 있었다.

나를 떠난 나무들의 이름을 일일이 불러본다. 내 집안에 나무들은 어쩌면 피붙이에 다름이 없었다. 그런 피붙이를 떠나보내는 마음이 어찌 심상하랴. 하지만 어찌하랴. 떠나보냄이 어디 세상에 이 일뿐이겠는가. 사람도 오고 가거늘, 어찌 나무에만 연연하랴 싶었다.

비록 그 나무들이 내 곁을 떠나가더라도 어디서든 잘 자라 아름다운 꽃을 피우리라는 게 그저 내 작은 소망이었다. 어디에 있든 하늘을 우러러 태양과 바람과 함께 제 운명대로 살아만 준다면 더 바랄 게 없지 않겠는가. 그게 어찌 나를 떠난 나무들뿐이랴.

할아버지를 닮아

어머니는 어릴 적 우리 남매에게 이런 말을 자주 했었다.

"너희는 어찌 네 하내빌 그리 쏙 빼 닮았니. 우꾹데기 뿌죽 하고, 주먹코에 큰 귀까지 빼다 꽂았구나. 씨도둑은 못한다더니 에구……."

그럴 때마다 너희는 할아버지를 닮아 못생겼다,라고 하시는 줄만 알았다.

어려서 나는 할아버지를 몹시 따랐었다. 잠시도 떨어지지 않는 나에게 할아버지는,

"영은이는 누구 빈대요?" 하실 정도였다.

할아버지는 훤칠한 키에 기골이 장대하고 수염이 많아, 동네할

아버지들 가운데 제일 멋진 할아버지였다고 나는 지금까지 생각하고 있다.

할아버지는 경상도의 가난한 집안에서 태어나셨다. 열아홉 총각 때, 서로 사랑하던 아가씨가 이웃 동네의 도령과 혼약을 하자 그 아가씨의 손을 잡고, 야반도주하여 만주에 정착하였다. 그 곳에서 황무지를 개간하며 그 넓은 옥토에 약초농사를 하여 북간도 일대에 소문난 큰 부자가 되신 분이다.

할아버지의 꿈은 큰 부자가 되는 것이었다. 일반농사를 지어봤자 부자가 될 수 없다고 생각하신 할아버지는, 약초농사를 짓기로 마음먹었다. 만주에서 구할 수 없는 신비의 약초 종자와 씨앗을 구하려고, 중국 일대는 물론, 몽고와 러시아와 멀리 티베트 지역까지, 기차나 말 그리고 낙타를 타고 수백 리의 위험한 길을 걷기도 하여, 수년 간의 노력으로 신비의 약초 씨앗과 종자를 구해오셨다고 한다.

수년 간, 먼 이웃나라를 여행하시어 중국어는 물론, 중국어도 지역마다 다른 사투리며 몽고어, 러시아어, 티베트어까지 웬만한 대화는 모두 소통할 수가 있었다. 그래서 멀고 가까운 친구나 이웃들이 할아버지의 여행담을 듣기 위해 십릿길도 마다않고 매일 밤 모여 들었다. 부자가 되신 할아버지는 가난한 이웃돕기와 독립군 돕기를 마다하지 않으셨다.

8·15 해방이 되고 러시아와 중국에 공산주의가 시작되면서, 아버지는 인민재판의 대상이 되었다. 그래서 끝내 우리 가족은

살기 위해 삼팔선을 넘어야 했다. 헤어지던 날, 할아버지는 우리 남매에게 이렇게 당부하셨다.

"내년 여름방학에도 참외 먹으러 와야 한다. 꼭 와야 한다."

오빠는 초등학교 일학년이었고, 나는 겨우 다섯 살이었다.

"예. 할아버지 내년에도 참외 먹으러 꼭 오겠습니다."

칠없던 우리 남매는 철석 같은 대답을 했었다.

우리가 서울에서 행복하게 살고 있을 때 6·25 전쟁이 터졌다. 장총 끝에 길고 날카로운 긴 칼을 꽂은 총을 멘 두 명의 인민군에게 아버지는 납치되어 가셨다. 애타게 기다려도 아버지는 돌아오지 않았다. 한겨울 1·4후퇴에 아버지도 없이 우리는 걸어서 부산으로 피난을 가야 했다.

낯선 부산에서 우리는 많은 고생을 했다. 어머니는 중·고생이 된 우리 남매에게 이런 말씀을 하셨다.

"너희들은 할아버지를 빼닮아, 매사에 성실하구나. 너희 할아버지처럼 훌륭하신 양반은 세상에 다시 없을 게다."

그제야 우리는 어머니가 할아버지를 몹시 존경하고 계시다는 것을 알 수 있었다.

"에구 에구! 저것들이 어찌 제 하내빌 저리도 쏙 빼 닮았쏘야?" 하시던 어머니의 억센 함경도 사투리의 발음은, 우리가 못 생겼다는 게 아니었고 칭찬이었으리라. 우리 남매가 할아버지를 닮아 훌륭하게 성장하기를 바라셨던 어머니의 뜻임을 뒤늦게야 깨닫게 되었다.

'해마다 여름방학을 하면 할아버지의 농장에 참외 먹으러 꼭 가야 했던' 할아버지와의 '철석' 같은 약속을 공산주의와 38선 때문에 끝내 지키지 못하고 말았다. 할아버지는 우리가 보고 싶어, 긴긴 세월 가슴 아파 하셨을 것을 생각하면 안타깝기만 한 일이다.

"할아버지! 우리도 할아버지가 너무나 보고 싶었습니다."

육십이 넘은 나는 지금도 그때의 할아버지 생각을 하면 눈물이 절로 난다.

안 박사

안 박사는 내가 일곱 살 때부터 알던 사람이다. 나보다 열여덟 살이나 많은 그를 나는 좋아하지도 사랑하지도 않았다. 그저 이웃관계에 불과했건만, 평생 그를 잊지 못한다.

6·25사변 전에 우리는 서울 신설동에서 살었다. 나는 어려서 어머니를 쫓아다니는 버릇이 있어 안 박사의 집에 자주 따라다녔다. 안 박사의 모친은 어머니보다 훨씬 연상이었다. 그 댁은 우리보다 일 년을 먼저 월남하여 서울생활에 거의 적응이 되어가고 있었다. 삼팔선을 넘은 지 몇 달 안 된 우리는, 그 댁과 같은 함경도라고 친하게 되었다.

일곱 살이 되던 어느 날, 낮잠에서 깨어보니 집에 아무도 없었다. 무서움을 잘 타는 나는, 울며불며 사방을 찾아보았으나, 집안에는 아무도 없었다. 나는 매일 가는 안 박사네 집으로 어머니를 찾아갔다. 그 집은 우리 집하고는 집 구조가 달랐다. 마당에서 긴 대청마루가 바로 보였다. 마루에는 일본유학을 다녀온 그 집의 청년아들인 잘 생긴 안 박사가 서 있었다. 그는 나를 보더니,

"애야, 집에 가 있어라. 어른들은 곧 너희 집에 가실 게다."

하였다.

그 말을 듣고 되돌아 나오다가 나는 그만 울퉁불퉁한 흙 마당에 걸려 넘어지고 말았다. 순간 일생일대의 큰 실수를 저지르고 말았다. 넘어지면서 내 치마가 펄럭하는 바람에 그만 팬티를 입지 않은 내 엉덩이가 드러난 것이었다. 옷이 몹시 귀한 때여서 팬티조차 입지 못하고, 치마만 입고 있었다.

나는 부끄러워 얼른 일어나 마루에 서 있는 안 박사의 표정을 살폈다. 그러나 그는 놀라는 기색도 없이, 시선을 먼 곳에 두고 있었다. 분명히 넘어지는 나를 봤을 텐데도 말이다. 나는 창피하여 죽을 지경이 되어 집으로 돌아왔다. 대문 앞에 채소와 과일 보따리가 있었다. 두 분이 시장을 다녀와 다정하게 말씀을 나누고 계셨다.

다음해에 6·25전쟁이 터졌다. 우리 아버지도 안 박사도 몇 달간 숨어서 지내게 되었다. 그런데 총을 멘 인민군 두 명이 와서 아버지를 데리고 갔다. 그 다음해, 일사후퇴에 아버지도 없이 우리는 부산으로 피난을 떠났다. 그런데 부산 피난민촌에서 다시

안 박사네를 만나게 되었다. 어찌된 일인지 젊은 안 박사는 잡혀가지 않고 살아 있었다.

나중에 들으니, 서울에서 우리 아버지가 잡혀가기 전, 안 박사가 먼저 잡혀갔었다고 한다. 대량총살 장소인 미아리 구덩이 앞에다 총살시킬 열 사람을 한 사람씩 띄엄띄엄 세워놓고, 총을 든 열 명의 인민군 저격수가 나왔는데, 그 저격수 중에 함북의 고향 친구 동생이 있었던 것이다. 다행히도 그 고향 동생이 먼저 안 박사를 알아보고, 얼른 안 박사의 앞에 서서 눈을 껌뻑여 신호를 보냈다고 한다.

안 박사는, '나도 네가 누구인지를 안다.'라고, 눈을 껌뻑여 보였다. 그리고는 총에 맞으면 빠질 구덩이 앞에 섰다. 친구 동생인 그 인민군 저격수가 안 박사의 앞에 서서 계속 눈을 껌뻑이며 총을 겨누었다. 안 박사도 너를 안다고 눈을 껌뻑여 보였다. 죽이고 죽임을 당하는 비정한 사이가 되었어도 그들은 서로 반갑게 마주 보았다고 한다.

이윽고 발사신호가 들리고 열 사람들이 총을 맞고 퍽퍽 쓰러졌다. 안 박사의 저격수도 총을 쏘았다. 그는 옆구리에 총을 맞고 구덩이에 쓰러졌다. 그런데 얼마 후 정신이 들었다. 자신이 총에 맞았다고 여겼는데 그게 아니었다. 총소리에 그만 정신을 놓은 것이었다. 안 박사는 죽은 사람들과 섞여 한밤중이 되도록 기다렸다가 밤새도록 기어서 집으로 돌아왔다는 것이다.

안 박사는 그 일이 있은 후부터 성격이 완전히 바뀌어 말수가 줄었고, 혼자 있기를 좋아하고 술을 자주 마셨다고 한다. 일본에서 영문학과를 나와 영어에 능통했던 그는 직장에서 외국 물품에 찍힌 영문을 해석하는 게 일이었다. 박스를 열지도 않고, 그 내부의 물건의 종류와 개수와 사용 용도를 정확히 읽어내는 것이다. 그래서 그는 안 박사로 통하게 되었다.

그는 영어회화에도 능통하여 통역사로 외국손님을 접대하기도 했다. 외국인들에게 한국인의 유순하고 신사적인 좋은 인상을 심어주었다. 그런 안 박사가 피아니스트인 음악선생과 결혼을 하였고, 딸을 낳아 잘 살고 있었다. 응당 그는 행복하게 잘 살아야 했다.

내가 무척 어려운 시기를 보내던 중학교 시절이었다. 서울에서처럼 안 박사는 부산에서도 한동네의 주민이었다. 어느 여름, 나는 집 앞 평상에 앉아 있었다. 마침 산책을 나왔던 안 박사가 평상으로 다가왔다. 그를 보자 문득 서울 그의 집 마당에서 넘어졌던 일이 떠올라 얼굴이 달아올랐다. 그가 내 옆에 앉더니,

"영은아, 너는 너희 아버지가 생각나니?"

하고 물었다.

6·25때 납치되어 가신 아버지를 두고 하는 말이었다. 그는, 서울에서의 내 엉덩이 사건을 모르고 있는 듯하여 적이 안심이 되었다. 그때 철없던 나는 잡혀가신 아버지는 뒷전이었다. '저 사람은 내 엉덩이를 보았겠지' 하는 부끄러움만 가득했었다. 그러나 그는 엉덩이 따위는 안중에도 없는 듯했다. 6·25때 납치되어 간

훌륭한 우리 아버지의 성품 하나 하나를 내게 이야기하였다. 그리고 아버지를 닮아, 너희도 좋은 사람이 되어야 한다는 교훈의 말을 하였다.

그의 말에 나는 눈물이 핑 돌았다. 그는 마음씨 좋은 우리 아버지를 잊지 않고 있었던 것이다. 더욱 그 자식들인 우리들이 훌륭히게 성장하기를 원하고 있었다. 참으로 좋은 분이었나. 그는 거듭해서,

"너희도 아버지처럼 좋은 사람이 되어야 한다. 알겠니?"

하며 다짐을 하였다.

"예 아저씨, 우리도 열심히 공부해서 훌륭한 사람이 될 거예요."

나는 중학생으로서 그 정도의 대답밖에 할 수가 없었다. 그때 안 박사는 술에 취해 있었다.

그 후로 수많은 세월이 흘렀다. 나는 어느덧 30대가 되어 있었다. 그 무렵 고향을 찾아갔다. 내 의식의 한쪽에 그가 무척이나 궁금했다. 그의 소식을 물었다. 들리는 말에는 술 때문에 부인과 이혼하고, 50초반에 알코올 중독으로 사망했다는 놀라운 소식이었다. 천둥벼락이 치듯 마음 안에 기둥 하나가 무너져 내리는 듯했다.

지금도 이따금씩 나는 그의 유순하고 말쑥한, 일곱 살 무렵에 우러러 봤던 실력파 청년 안 박사를 떠올리곤 한다.

오빠의 이야기

아닌 밤중에 홍두깨라. 야심한 밤에 난데없이 해골이 춤추는 소리가 들린다. '똑 딱, 똑 딱' 해골이 부딪치는 소리에 잠이 확 깼다. 정신을 차리고 소리의 실체를 어림짐작해 본다.

칠흑같이 캄캄한 밤 '휘~ 익~' 가늘게 스산한 바람이 지나간다. 깊은 계곡에서 간헐적으로 괴이한 음률이 흐른다. 가라앉는 기분이다. 음산한 기운을 느낀다.

우~ ~ ~ ~ 웅~ ~ ~ ~ ~우~ ~ ~

묘지의 해골들이 일어난다.

제일 먼저 일어난 남자 해골,

"으 흐흐흐흐 하하하 다들 나가보실까요."

옆 묘지의 남자 해골,

"그럽시다. 다들 나가 신나게 놀아봅시다그려."

바람소리와 함께 으스스한 음률이·······.

우! ~ ~ ~ ~ 우~ ~ ~ ~ 으! ~ ~ ~.

깨어난 해골들,

"으흐흐흐 으 이!~ 우 하하하 흐 흐 흐 흐 곡 좋다!"

"똑 딱! 우~우~ 뚝 딱! 우 ~우~ 똑 딱! 똑 딱! 으~ 으~뚝 딱!"

"똑 딱! 똑 딱! 우~우~우~똑 딱! 똑 딱! 뚝 딱!"

모든 해골들,

"으! 흐 흐 흐 흐 으! 히 히 히 히 히 이!······."

"으아! 킬 킬 킬 킬 킬 킬 킬 기분 좋아요!"

여자 해골들,

"우리들의 무도회는 즐거워요. 오! 호 호 호 호 호 호······."

우~ ~우~ ~ 워! 워~ 워! ~ ~ ~······.

공동묘지의 해골들이 모두 밖으로 나와 춤을 춘다는 13일의 금요일이다. 칠흑같이 캄캄한 밤. 수십 구의 하얀 여자 해골들과 누런 남자 해골들이 가볍게 몸을 부딪치며 들판에서 불어오는 을씨년스런 바람소리와 계곡에서 들려오는 음산한 음률에 맞춰 춤을 춘다. 올빼미의 '부욱 북~' 거리는 소름끼치는 반주의 울음소리까지 진짜 무섭다.

내 소녀 때, 〈해골 무도회〉 곡이라며 오빠가 들려준 춤추는 해골 이야기다. 진짜 그런 곡이 당시에 있었던 것인지, 아니면 오빠가 꾸며낸 이야기인지 들은 지 근 50여 년이 지난 지금에도 하도 이야기를 잘 꾸며내던 오빠가 이제는 안 계시니 알 수가 없다. '똑딱' 거리는 해골이 부딪는 소리의 실체는, 소리가 너무 커서 버리려고 내다놓은 시계가 아깝다고, 남편이 건전지를 넣어 도로 화장실에 걸어놓은 시계의 소리였다.

텔레비전도 컴퓨터도 없던 시대에 책을 즐겨 읽었다. 독서의 시대였다. 책을 많이 읽은 이야기꾼에게 둘러앉아 재미나는 이야기를 듣던 시대였다. 어려서부터 독서를 좋아하는 7남매의 맏이인 오빠는 고등학생에서 대학생일 때에, 밤이면 동생들을 데리고 앉아 수많은 이야기를 들려주었다.

슬펐던 소공녀와 소공자는 물론이고, 보물섬의 멋진 몬테크리토 백작이 아직도 생각난다. 황금박쥐며 괴도 루팡, 아라비아 공주와 페르샤 왕자의 슬픈 사랑 이야기. 오싹한 아리아성의 비밀 이야기, 드라큘라가 된 프랑스 몰랑 백작 이야기며, 왕비와 공주이 피만을 빨아먹는 궁전에 숨어 사는 흡혈박쥐 이야기에, 사나운 시베리아 살인늑대 이야기, 동물의 눈은 물론이고 밤에는 사람의 눈도 귀신같이 빼 먹는다는 눈알만 빼먹는 올빼미 이야기, 억울한 아랑처녀귀신 이야기 등.

그 밖에도 수없이 많은 별의별 무서운 이야기와 눈물 없이는 들을 수 없는 다복님 이야기와 어머니를 찾아서 삼만 리 같은 슬픈 이야기를 해주었다. 이야기 도중 우리가 가장 무서워할 때면

오빠는 갑자기,

"우 웩! 괼 괼 괼 괼 괼~~~~~."

하며 눈을 허옇게 뒤집어 뜨고 혀를 빼물었다. 그러면 우리는 무서워서 소리를 지르며 울었다. 그럴 때면 어머니는 애들한테 너무 무섭게 하지 말라고 오빠에게 야단을 치기도 했다.

나중에 알고 보니 오빠는 슬픈 이야기를 할 때마다 우리들 몰래 눈에 침을 바르고 우는 연기를 했다. 우리는 감쪽같이 속아 따라 울면서 이야기를 들어야 했다. 이야기가 너무 심각할 때는 '엉엉' 하고 통곡을 할 때도 있었다. 동생들이 이야기에 빠져 울었을 때 오빠는 속으로 고소했으리라. 얼마나 재미가 났을까? 오빠가 귀천한 지 3년, 연기파에 노래 잘 부르고 춤 잘 추던 오빠였다.

우리 남매들이 소풍을 가면 소풍객들은 우리 주변에 모여들었다. 너스레를 잘 떠는 개그맨 기질의 오빠는 멋진 쇼 단장님이자 엉터리 연주자였고, 우리 모두는 무명가수이자 춤꾼들이었다. 소풍객들과 어울려 시간 가는 줄도 모르고 늦도록 즐겁게 놀았다. 당시 우리는 아주 가난했었지만 그래도 그때가 일생 중에 가장 행복했었지 싶다.

"아! 오빠가 넘 보고 싶다."

산머루가 익으면

싱싱한 배추를 사려고 재래시장에 갔더니, 새까맣게 잘 익은 산머루가 나와 있다.

탐스럽게 잘 익은 산머루만 보면 삼팔선을 넘던 일이 떠오른다. 6·25 사변 전, 1948년 11월 2일에 우리 가족은 삼팔선을 넘었다. 그때 나는 여섯 살이었다. 북에서부터 밀려오는 공산주의를 피하여 간도 안도를 떠나, 용정을 지나 회령과 청진을 거처, 삼팔선을 넘기 위해 강원도 인제까지 왔었다.

인제의 인민 여관에서 며칠 묵었을 때의 일이다. 옷걸이에 옷이며 책상 위에 책을 그냥 펼쳐 놓은 채로 오후 한 시경이 되어 머루를 따러 간다고 주인에게 말하고는 여관을 나섰다. 산머루가 한창때였다.

전쟁 전에는 강원도의 인제와 원통이 삼팔선 위로 북한에 속해 있었다. 아버지는 원통초등학교로 부임해 가는 교사라고 속이고 인제 내무서장에게 원통으로 가는 길의 약도를 부탁했다. 내무서장은 자세한 약도를 그려 설명까지 해 주며 자칫하면 삼팔선 쪽 길로 들어서니 조심하라는 지상한 당부까지 했다.

우리 가족은 약도에 그려진 길을 따라 걸었다. 길이 갈라지는 지점에서 원통으로 가신다던 아버지는 삼팔선 쪽의 길로 접어들면서,

"우리는 원통으로 가는 게 아니고, 삼팔선을 넘어야 한다. 삼팔선을 넘어야 우리는 자유롭게 살 수가 있다. 이제부터 떠든다거나 넘어져 다쳐도 울면 안 된다. 조용히 빠르게 걸어야 한다. 저 산만 넘으면 자유의 나라다. 산을 다 넘을 때까지 정신을 바싹 차려야 한다. 알겠니?"

아버지는 그렇게 오빠와 내게 주의를 주시며 다짐까지 하셨다. 시나브로 날은 저물어가고 있었다. 나를 업은 아버지는 한 손에 가방을, 아기를 업은 어머니는 보따리를 이고 계셨다.

짐은 미리 숲속에 숨겨 놓았던 것이다. 우리는 조용조용 조심스럽게 어두운 밤 산을 오르기 시작했다. 얼마나 올라갔을까? 피-용!- 피-용!- 어디선가 총성이 울렸다. 놀란 우리는 엎드렸다. 어머니가 계신 몇 미터 지점에, 어리석게도 하얀 한복을 입은 남자가 희미하게 보였다. 움직이질 않아 생사를 알 수 없었다.

램프를 든 인민군 몇 명과 셰퍼드 한 마리가 보였다.

우리 가족은 엎드린 채 숨을 죽이고 마른침을 삼켰다. 입술이 바싹바싹 타들어가는 숨 막히는 긴 시간이었다. 얼마나 시간이 흘렀을까? 그들이 갔는지 보이지 않았다. 그런데 갑자기, "후다닥!" 하는 소리에 모두 놀라고 말았다.

"어휴…사슴이구나."

아버지는 안도의 숨을 내쉬었다. 잠자는 사슴을 건드린 모양이었다.

"여보, 등줄기에서 땀이 흐르오."

"휴, 그러게 말이오, 십 년 감수했어요."

아버지는 어머니에게 들릴 락 말 락 소곤거리는 소리였다. 소나무 끝에는 반짝이는 별들이 구슬처럼 촘촘히 붙어 있었다. 그 순간이었다.

"어이쿠!" 하는 아버지의 비명 소리와 함께 아버지도 나도 굴러 떨어졌다. 내 왼쪽 팔이 나뭇가지에 걸렸지만 용케 나는 비명 소리를 내지 않았다. 아버지가 발을 헛디딘 것이었다. 아버지가 다시 일어나 행장을 수습하시고는 우리 가족은 산 정상에까지 오를 수 있었다. 그리고 다시 조심조심 산을 내려가기 시작했다. 한참을 내려가다가 바위굴을 발견했다. 그런 그 위험천만한 지경에도 아버지는,

"야, 산에 오니 호랑이여관도 다 있구나. 우리 이 여관에서 하룻밤 묵어가자."

라고 농담을 하셨다. 아버지는 우리들을 안심시키려 했으리라.

온 가족이 피로에 지쳐 있었다. 껌껌하던 굴속이 차츰 눈에 들어오자 아버지는 나뭇가지를 꺾어, 입구를 막고 담요를 쳤다. 그리고는 담뱃불을 붙이면서 시계를 보고 밤 아홉 시라고 하셨다. 인제여관을 떠나 여덟 시간 만에 깊은 산속 동굴에 이른 것이었다. 모두 몸은 비록 지쳐 있었지만 마음만은 평온했다. 향긋하고 푹신한 낙엽을 까니 절로 잠이 쏟아졌다.

다음날 아침 날이 새자마자 동굴을 빠져 나왔다. 밖으로 팔부능선이 깔린 저 멀리 평화로운 농촌 마을이 한눈에 들어왔다. 그 모습을 보니 가슴이 벅차올랐다. 아버지는 너무도 감격스러워

"야! 성공했다. 이제부터는 남한 땅이다. 자, 빨리 가자."

하며 여태껏 잘 따라온 가족들에게 하산을 재촉하셨다.

"우리 아들은 침착하고 용감했다. 딸은 굴러도 찍 소리 한번 없었으니, 참 잘들 해냈다."

"갓난쟁이도 뭘 아는지 밤새 한 번도 안 울었소."

"그러게, 다 행운이 따른 거요."

우리 가족은 신이 나서 서둘러 하산하기 시작했다. 산을 거지반 내려오니 편편한 산자락이 이어졌다. 그런데 우리 시야에 들어오는 건 지천으로 깔린 새까만 머루밭이었다. 나는 아버지의 등에서 손을 뻗어 머루를 따 입에 넣었다. 그 맛이 얼마나 기가 막혔던가. 배에 주린 우리 가족은 머루나무 밑에 둘러앉아, 한참 동안이나 머루를 따 먹고 허기를 때웠다.

드디어 아득하게만 보이던 마을에 도착했다. 아버지는 마을 이장 집을 찾아가서 지난밤에 월남한 사실을 말하고, 잔칫집으로 안내되어 푸짐한 음식을 대접받았다. 잔치에 참석한 사람들은 요즘 저쪽의 경비가 심해졌다는데 용케도 잘 넘어왔다며 환영해 주었다.

불과 얼마 전만 해도 매일 대여섯 집이 이사를 오듯, 쉽게 넘어왔다는 것이다. 우리는 그 마을에서 편안한 하룻밤을 잤다. 다음날 소달구지와 나룻배와 트럭을 타면서 원주를 거쳐 서울 장충동 피난민 수용소에 도착했다.

그랬다. 우리 가족은 산머루를 핑계로 자유를 찾아 삼팔선을 넘은 것이었다. 아무리 세월이 흐른들 그때의 그 산머루의 맛을 어찌 잊을 수가 있으랴. 하기에 가을이면 꼭 산머루를 먹으며 그 때의 일을 떠올리곤 한다. 다시는 그런 민족의 비극이 없어야지 싶다.

산머루 향기가 입안에 가득하다.

제4부
11월의 데이트

앞집 창문

여보세요, 창문을 좀 열어보세요!

어제와 오늘 그 댁 창문이 열리지 않으니 이상하네요. 그동안 말은 없어도 멀리서라도 창문으로 서로 양쪽 식구들의 얼굴을 보아왔지요. 그리고 가끔은 그 댁도 우리도 창문으로 옷의 먼지를 털 때가 가끔 있었지요. 언젠가 그 댁에서 빨간 얇은 스웨터를 터신 적이 있었지요? 정말 고운 빨간색이라고 생각했었어요.

그 쪽 창문에서 먼지를 털거나 이쪽을 살짝 내다볼 때면 나는 그 창문에서 풍겨 나오는 정겨움으로 하여 저의 생활도 즐거웠답니다.

여보세요, 왜 어제도 오늘도 창문을 열지 않으세요? 어디 멀리 여행이라도 가셨나요? 언제 돌아오시지요? 무슨 나쁜 일이 있는 건 아니겠지요. 괜히 걱정이 되기도 하고, 궁금하고 답답하여 그 댁의 창문을 자꾸만 바라보게 되는군요. 어서 오셔서 창문을 여세요.

이제 곧 그 댁의 창문이 열리고 그 댁 식구들의 얼굴이 보이면, 나도 이젠 이전처럼 모른 척 그냥 지나치지는 않을 거예요. 좀 쑥스럽긴 해도 제가 먼저 손을 흔들어 인사를 할 거예요. 그러면 댁에서도 저희에게 손을 흔들어주시겠지요. 그리고 나면 우리 두 집은 사이가 좋아지겠지요. 우리 서로 웃는 얼굴로 친해져 봐요.

우리 창문 턱에 지금 한창 빨간 꽃이 핀, 제라늄 작은 화분 두 개를 올려놓았어요. 그 댁에서 건너다보시고 예뻐하시는 시선을 오랫동안 잡아두고 싶어서예요. 보시고 너무 예쁘면 화분 하나는 드리고 싶어요.

그리고 이제부터는 창문에서 마주칠 적마다 손을 흔들며 보일 거예요. 그러다가 승강기나 밖에서 만나면 얼마나 반갑겠어요. 우리 서로 오거니가거니 하며 왕래를 했으면 해요. 우리 두 집은 아마 좋은 이웃이 될 거예요.

두 집 가족들이 출근이니 학교니 하면서 모두가 나간 후, 대충 집안일을 마치고 난 후에 말이에요. 내가 댁으로 가든지 댁에서 우리 집으로 오든지 해서 우리 둘이서 서로 집이 바라다 보이는 앞뒤 베란다 의자에 앉아, 따끈한 커피를 마시면서 이야기를 나누었으면 해요. 괜찮겠지요?

가끔은 또 점심때 만나서 고구마나 감자도 쪄 먹고 국수도 삶아 비벼먹으면 참 좋을 것 같아요. 저는 국수를 아주 맛있게 잘 비빈답니다. 비빔국수를 맛있게 잘한다고 집안에서 칭찬이거든요.

또, 겨울이면 베란다 의자에 우리 둘이 앉아 펑펑 쏟아지는 함박눈을 구경하고, 여름에는 시원하게 쏟아지는 빗줄기를 바라보며 지나간 옛날이야기를 나누어도 좋겠지요? 그래요. 그동안 우린 너무 바보처럼 심심하게 살았어요. 마트나 미용실에도 같이 가면서, 물가도 알아보고요. 가끔은 산책도 같이 나가면 좋겠어요.

그뿐이겠어요. 아플 때엔 환자가 먹을 맛있는 죽을 끓여가지고 병문안을 다닐 수도 있고요. 속상할 때엔 서로가 위로도 해 줄 수가 있잖아요. 어디 멀리 가실 땐 강아지나 고양이를 맡겨도 되고요. 우린 강아지나 고양이는 없지만, 저는 동물들을 아주 좋아한답니다. 잘 돌봐 드릴 수 있어요.

그럼 오시는 대로 창문부터 여세요. 제가 이렇게 계속 그 댁의 창문을 바라보고 있으니까요.

병원 풍경

몇 해 전 갑상선염과 수면장애로 종합병원에 이 년 간 다녔다. 그 후로 삼 년을 너끈히 아주 건강하게 보냈다. 그런데 올봄부터 삼 년 전의 증상을 조금씩 다시 느끼며 수면장애로 잠을 설치게 되었다.

사려고 애를 써도 눈은 말똥말똥하고 어디가 특별이 아픈 것도 아니고, 하여간 잠을 못 자니 머리가 띵하고 가슴이 두근거리는 게 보통일이 아니었다. 두어 달 고생을 하다가 할 수 없이 종합병원 정신과를 다시 찾게 되었다.

병원입구에 들어섰다. 건장한 체구에 50대의 범상치 않은 얼굴의 사람과 마주쳤다. 그는 한쪽 눈을 가린 빵모자에 꽁지머리가 텁수룩했다. 그래도 꽤 괜찮은 수염을 하고 한쪽 다리는 목발을 짚고 있었다. 술깨나 퍼 마실 듯 험상궂어 보였다. 그래도 카리스마한 예술적 매력을 지닌 실버선장 스타일이었다. 그런 그가 막 병원 문을 나서고 있었다. 무엇을 하는 사람일까? 궁금증이 일었다. 나는 평범하지 않은 그의 뒷모습을 한참 바라보다가 병원으로 들어섰다.

올망졸망 보따리를 들고 퇴원하는 사람들, 계산대에서 계산하는 사람들로 병원은 붐볐다. 나는 정신과를 찾아 복도 쪽으로 들어갔다. 심한 교통사고여선지 머리를 온통 붕대로 싸맨 환자, 코만 내놓은 중환자가 누운 침대를 밀고 가는 사람, 침대에 누운 채 주사기를 몇 개나 꽂고 가는 사람, 하여튼 중환자의 침대와 휠체어가 병원 복도와 승강기 앞에 진을 치고 있었다.

겁 많은 내 손자가 이 장면을 보았다면 꽤나 무서워했을 것이다. 나는 정신과에 접수를 하고 사람들과 복도 의자에 앉아 호명을 기다려야 했다. 일렬로 앉아, 호명을 기다리는 수심에 찬 얼굴들의 모습이 한눈에 들어왔다.

험상궂게 생긴 맥 빠진 남자, 아마도 그는 알코올 중독치료를 받는가 보다. 얼굴색이 노랗게 진 빠진 남자, 그는 마약중독이 아니면 도박중독인가? 아니면 담배중독? 의처증? 간질병? 그들의 얼굴을 슬쩍 훑어보고는 나름대로 별별 상상을 다하고 있었다. 환자 중에는 남자환자가 반이나 되었다. 고쳐보겠다는 그들의 의지가 가상하게 여겨졌다. 바르게 건강하게 살려는 예쁜 몸짓들이 아닌가.

내 시선은 다음으로 여자들을 훑고 있었다. 연령층이 다양하다. 슬픈 얼굴, 공포의 얼굴, 근심 찬 얼굴, 나처럼 피곤한 얼굴도 있다. 하지만 알고 보면 우울증과 신경쇠약, 수면장애나 공황장애를 호소하기도 한다.

어느 특정 부위를 검사하는 것도 아닌 의사의 상담이 진찰인데 왜 그리 오래 걸리는지, 30분 기다리는 정도는 아무것도 아니었다. 한번 진찰실로 불려 들어가면 40분은 보통이요, 한 시간을 훌쩍 넘긴다. 기다리는 얼굴마다에 짜증이 엿보인다. 예약시간에서 한 시간 늦어지는 것은 보통이다. 진찰실이 세 군데지만 기다리는 환자는 여전히 줄을 잇는다.

지루하게 기다리는 우리들 앞으로 한쪽 다리를 약간 벌리고 날아오는 볼을 차려는 축구선수의 포즈로 주먹을 움켜쥔 사람이 지나간다. 중풍환자다. 한두 명이 아니다. 순환기 내과가 바로 옆이었다. 그들은 한결같이 왼쪽이 아니면 오른쪽 주먹을 힘껏 움켜쥔 쪽의 다리를 끌거나 흔들며 천천히 지나간다. 옛날의 어머니 생각이 문득 떠올라 가슴이 아파온다. 어머니는 산후풍으로 사십대 초반에 반신불수가 되어 20년을 넘게 고생하시다 60대에 돌아가셨다. 그래서인지 중풍 환자들을 만나노라면 내 가슴을 더욱 아프게 한다.

그런데 이웃마을에 우리와 친절하게 지내던 분이 또 주먹을 부르쥔 채, 휠체어를 타고 지나간다. 부인이 밀고 있다. 교사로 근무하던 건강하던 모습은 어느새 사라지고 일그러진 처참한 모습이다. 부인의 모습도 예전 같지 않았다. 나는 엉거주춤 일어났다.

"어머나, 언제 병이 나셨어요? 두 내외분이 고생을 하시네요. 이웃에서도 모르고 있었으니 죄송해요."

"벌써 삼 년째인 걸요. 이젠 많이 좋아졌어요. 그런데 병원엔 왜 오셨어요?"

"예, 잠을 잘 못 자서 정신과에 약 타러 왔어요. 우리 집 양반과 한번 갈게요. 그럼 수고하세요."

"예. 다녀가세요."

좋아졌다는 환자의 모습이 어쩌면 처참해 보였다. 일그러진 모습이 사람을 알아보지도 못하는 것 같았다. 세상에, 왜 저런 병이 저리도 많을까. 나는 의사와 상담을 하면서도 일그러진 이웃남자의 얼굴과 초췌해진 그 부인의 모습이 뇌리에서 떠나지 않았다.

진찰실을 나와 계산을 끝내고 약제실로 향했다. 그때 저쪽에서 휠체어에 핼쑥한 남편을 태운 이웃이 또 지나가고 있었다. 나는 몇 걸음 다가서며,

"어머나, 어디가 편찮으세요?"

하고 인사를 했다.

부부는 순간 반기는 기색을 보이더니 부인은 휠체어를 벽 쪽에 세워놓고, 약제실 의자에 와서 같이 앉았다. 지금 이 병원에서는 장담을 못해 서울로 가야 한다고 했다. 대장암 말기라고 했다. 서울병원에 자리가 날 때까지 기다리는 중이라고 했다. 서울행이 마지막 희망이란다. 환자의 고집으로 여러 가지 민간요법으로 시간을 끌어 병을 키운 것이라고 했다.

사람은 살아도 살아있는 것이 아니었다. 무서운 병들은 힘겨운 우리네 인생사에 파고들어 고생을 시키거나 죽음으로 몰아가는 것이다. 병고만 아니어도 인생은 살아볼 만할 텐데, 참으로 잘 살기가 쉽지 않다. 건강을 잃으면 세상을 온통 잃지 아니한가. 진즉에 들 건강을 챙겨야 할 일이다.

이웃들이 병이 들어 그렇게들 고생을 하는데도, 나는 내일을 하느라 꼼짝 않고 들어앉아 이웃의 형편도 모르고 살았으니 미안하기 짝이 없다.

나는 약봉투를 들고 천천히 병원을 나왔다. 병원 화단에는 새하얀 목련이 눈부시게 피어 있다. 진달래는 봉긋봉긋한 빨간 꽃봉오리가 금방이라도 터질 것만 같다. 그래, 건강할 때 지켜야 해, 나는 그렇게 주억거리고 있었다.

11월의 데이트

가을 연인이 되어, 낙엽 지는 그 공원 그 벤치에서 다시 만났습니다. 만남의 인사도 생략하고, 늘 만나는 연인들처럼, 뛰는 가슴을 억제하며 어색하지 않게 나란히 낙엽을 밟으며 걸었습니다.

낭만에 젖은 당신의 쓸쓸한 어깨 위에, 빨간 낙엽 한 장이 내려앉았습니다. 우리의 모자 위에도 낙엽이 살며시 내려앉습니다. 걷노라면 떨어질까 봐, 우리는 그대로 벤치에 앉았습니다. 바람을 안고 우수수 떨어지는 낙엽들은 꽃잎처럼 아름답습니다.

오!-와! -오!-우리는 탄성을 지르며 바라보았습니다.

살며시 나는 당신 어깨 위에 기대어 노래를 불러봅니다. 당신도 함께 따라 부릅니다. 아주 멋있게 불렀습니다. 당신은 말없이 내 모자 위에 떨어진 낙엽을 조심스레 주워서 수첩에 끼우시고, 나도 당신 어깨에 떨어진 빨간 낙엽을 주워 작은 책 속에 끼웠습니다.

우리는 말없이 낙엽을 밟으며 쓸쓸하게 지나가는 사람들을 바라보았습니다. 화려했던 여름날에 아름답게 피었다 시들어가는 꽃들도 보았습니다. 가슴 아프게 보았습니다.

돌 위에 떨어진 낙엽들….

계단 위에 떨어진 낙엽들….

잔디 위에 떨어져 뒹구는 낙엽들을….

생김새도 색깔도 모두 다르니 더욱 아름답습니다.

싸늘한 바람을 맞으며 우리는 가을연인이 되어 한없이 걸었습니다. 억새풀꽃 날리는 들판을 들국화 파르르 게 핀 언덕길도 걸었습니다. 싸늘한 파란 하늘도 바라보았습니다. 파란 하늘에 떼지어 다니는 하얀 뭉게구름의 양 떼들도 보았습니다. 산염소가 뛰어노는 먼 산 계곡도 바라보았습니다. 짧은 해는 어슷어슷 기울기 시작했습니다.

우리는 따뜻한 우동집을 찾아들었습니다. 따뜻한 우동을 먹으며 마주보고 소리 없이 바보처럼 피식 웃었습니다. 차를 마시면서도 우리는 그저 싱겁게 또 한 번 웃었습니다. 우리는 내년 11월에도 그 공원 그 벤치에서 다시 만나기로 약속을 했습니다. 새끼손가락을 걸고 사인도 하고 엄지도장도 찍었습니다.

우리는 찻잔을 만지던 따스한 손으로 작별의 악수를 나누고 나의 가을연인은 떠났습니다. 그는 가고 찬바람만 불었습니다. 어둡고 쓸쓸한 버스정류소에 우두커니 홀로 서 있는 나를 낙엽이 스치고 지나갑니다.

당신은 가고 나는 홀로 낙엽을 밟으며 돌아옵니다. 시린 손에는 곱게 물든 낙엽 몇 장을 들고 멋진 데이트를 마치고 돌아옵니다. 그 님은 갔습니다. 나는 다시 낙엽 따라 가버린 11월의 님을 기다릴 것입니다. 건강한 몸과 마음으로 열심히 기다릴 것입니다.

이제 풍요로운 하얀 겨울이 지나고, 꽃 피고 새 우는 아름다운 봄철을 지날 것입니다. 그러면 천둥벌거숭이 아이들이 뛰어노는 즐거운 여름철이 올 것이고, 이어 풍년이 무르익는 아름다운 가을이 오고 집집마다 곡간에 풍성히 양식이 쌓일 때면, 11월 당신도 오실 것입니다. 싸늘한 매력의 모습으로 가슴에는 모닥불을 담고 오실 것입니다. 그러면 나는 또 한껏 멋을 내고 당신과 만났던 그 공원 그 벤치로 달려갈 것입니다. 아름다운 가을의 처절한 매력을 지닌 당신을 향하여 정신없이 달려갈 것입니다. 그러면 나의 11월 데이트는 다시 시작되겠지요. 아, 그 날이 기다려집니다.

슬픈 밤

육 년을 넘게 같이 살고 있는 영호네이다. 내것 네것도 없다. 먹을거리며 심지어 옷가지도 나눠 입는다. 서로가 훤히 알아 비밀이 있을 리 없다.

우리가 이 집을 짓고 온 지도 거의 10년이 되어간다. 남편이 약주를 많이 드는 것도 이집에 와서부터다. '끊어요!', '끊을 거야!' 하면서도 끊지를 못하니, 식구는 고사하고 사랑채에도 미안할 때가 종종 있다.

어젯밤에도 힘들게 넘어갔다. 나는 40대이고, 영호엄마는 30대다. 힘들게 넘어간 이튿날이면 영호엄마가 더 걱정이다.

"아저씨 출근 후에 아줌마 혼자 욕을 퍼 대면 뭘 해요. 아저씨

앞에선 찍소리도 못하면서. 에구, 속 터져."

"영호엄마, 똥이 무서워서 피하는 줄 알우. 괜히 한마디 했다가는 시끄러우니까 참는 거지 뭐."

"아줌마, 그러다간 병난다니까. 오늘은 아저씨가 안 계신 날이니까 내 친구 나이트에 가서 스트레스 좀 풀구 오자구요."

"그래? 기기 가면 스트레스가 풀리나?"

"풀리기만 해? 속이 다 시원하지."

"그래? 그럼 한번 가보지 뭐."

우리는 저녁 으슥해서 택시를 타고 번화가로 내달렸다. 속으로는 은근히 겁이 났다. 내 표정을 본 영호엄마는,

"아줌마, 표정이 왜 그래. 나이를 헛먹었어. 빨리 따라오기나 해요."

한다. 영호엄마는 번쩍거리는 어느 골목으로 빠르게 들어서고 있었다. 나도 약간은 들뜬 기분이 되어 그 뒤를 쫓았다. 번쩍이는 어느 문 앞에서 영호엄마가 내 손을 잡아끌었다.

층계를 따라 들어가니, 감미로운 트로트 곡이 흐르고 있었다. 으스름하고 침침한 너른 홀, 아직 초저녁인데 벌써 군데군데 테블 위에는 빈 맥주병들이 널브러져 있다. 수십 명의 사람들이 술을 마시며 무대에서 춤추는 나신裸身의 여자를 숨죽이고 눈이 빠져라 바라보고 있었다. 친구라는 여자가 맥주 두 병을 들고 와서 호들갑을 떨었다. 나는 그런 곳에 제법 익숙한 사람처럼 천천히 맥주를 마시며 붉은 조명 아래 무표정하게 음률에 맞춰 야릇한

동작으로 춤추는 나신들을 바라보았다.

사람들의 표정을 살폈다. 남자건 여자건 모두 열심히 구경거리에 빠져 있는 성싶었다. 남편에게서 말로만 듣던 광경을 실제로 보게 된 것이었다. 15분씩 두어 차례 춤을 추고는 장소를 옮긴다고 한다. 그렇게 번 돈에서 매니저가 떼어내고 나면 남는 돈은 얼마 되지 않는다고 한다.

저 여자는 왜 그렇게 살아야 하는지, 하는 생각을 하는데, 음악이 바뀌며 쌍쌍이 나와 빙글빙글 천천히 돌아가는 샹들리에 아래서 껴안고 춤들을 추기 시작했다. 우리는 마주앉아 그들을 보며 맥주를 홀짝홀짝 마셨다. 그런데 남자들이 와서 손을 내밀지 않는가. 하지만 점잖게 거절하고 계속 맥주를 마셨다.

몇 곡이 잘 끝났는지 갑자기 빠른 디스코곡이 홀 안을 꽝꽝거렸다. 사람들이 일제히 일어나서 정신없이 흔들어대기 시작했다. 우리도 일어나서 흔들기 시작했다. 빙글빙글 샹들리에가 돌아가는 천정에는 수많은 별빛 전구가 반짝거렸다

조명이 어두우니 누가 누구인지 알 수가 없다. 한동네 아저씨와 부딪쳐도 자세히 보지 않으면 모를 것 같다. 알아도 상관 없다. 하여튼 사람끼리 휩쓸려 흔들며 돌아간다. 부끄러울 것도 창피할 것도 없다. 모두가 모여서 스트레스를 푸는 것이다. 이럴 때에 부지런히 흔들어 스트레스를 날려버려야 한다.

고바우아저씨가 조명발을 받아 대머리가 반짝거렸다. 고바우는 지그시 눈을 감고 열심히 스트레스를 털어내고 있었다. 긴 머리 아저씨도 이마에 머리칼을 날리며 부지런히 스트레스를 날리고 있다. 너나 할 것 없이 모두가 그 모양이었다.

나는 마음에 전등을 켜고 조명을 설치한 전깃줄이 얼키고 설킨 천정을 올려다보았다.

새카만 먼지와 거미줄이, '으왁!' 형편도 없는 모양새였다. 먼지 냄새가 코를 찔렀다. 비위마저 뒤집혔다. 그래도 그들은 실성한 양 마구 흔들어댔다. 불쌍하다. 너무 불쌍하다. 나신의 여자도 술을 마시는 사람들도 흔들어대는 사람들 모두가 불쌍하고 가련해 보였다. 사는 게 얼마나 힘들고 재미없으면 이런 데 와서 저토록 흔들어 댈까. 울컥하고 눈물이 나왔다.

그때였다. 친구와 같이 흔들던 영호엄마가 천천히 다가오더니 내 어깨를 툭 쳤다.

"나가요! 아줌마, 스트레스를 풀라구 왔더니 울기는 왜 울어요."

"그래, 나가자구. 눈물이 나서 안 되겠어."

나는 카운터에 가서 맥주 값을 계산하고 영호엄마 손을 잡고 쾅쾅거리는 홀을 빠져나왔다. 세상이 다 조용하다. 겨울밤 공기는 상쾌하고, 검푸른 맑은 밤하늘에 별들은 찬연히 빛나고 있었다. 돌아오는 택시 안에서 영호엄마는,

"아유! 재미없어. 아줌마는 주책 맞게 웬 눈물이 그리 많아? 남의 결혼식에 가서 울질 않나, 나이트에서 춤추다 말고 울질 않

나, 그래가지고 어딜 같이 가겠어요. 참."

그래, 나는 잘 우는 사람이니 주책은 주책이다. 결혼하는 신랑 신부를 봐도 울컥하고, 환갑을 하는 늙은 부부를 봐도 괜히 울컥한다. 어떤 잔치든 결정적인 순간에 사람들이 서글퍼 보이며 슬퍼지는 것이다. 그 밤도 아주 슬픈 밤이었다.

이후 은근히 기다렸지만, 영호엄마는 다시 나이트 가자는 말이 없었다.

여름 창가에서

시원한 차창 가에 앉아 여름을 즐기고 싶다고요. 그래요. 날도 더운데 잘 되었군요. 갑시다. 달리는 창가로 말입니다. 창가는 뭐니 뭐니 해도 라디오에서 멋진 노래들이 흘러나오는 시골버스의 차창가가 제일 아닌가요. 에어콘도 없는 덜컹거리는 시골버스 창가에 앉아, 버스 창을 활짝 열어보세요. 푸른 들바람 산바람이 왈칵 안겨오며 머리칼을 살살 날려 간지르는 그 바람은 시원하다 못해 행복감마저 느끼게 해 주지요.

그래요. 끝없이 펼쳐진 푸른 논과 밭, 녹음 짙은 산 계곡 아래로 흐르는 서늘한 강바람과 시원한 산바람이 합세하여 불어오면, 온통 다 날아갈 것 같이 너무 너무 시원하지요. 그런데 어디에서 날아왔는지, 백로 한 쌍이 너울너울 춤을 추는 산뜻한 그 모습은, 분명 여름 시골버스 창가가 아니고는 느낄 수 없는 상쾌한 멋스러움이 아니겠어요?

그래요. 또 갑시다. 이왕 내친김에 누구나 다 좋아하는 여름 완행열차 차창 가로 말입니다. 오랜만에 기차 창 가에 한번 앉아 봅시다. 기차는 자동차처럼 줄을 지어 달리는 것도 아니고, 서로 마주보면서 옆으로 조심스럽게 비켜가는 것도 아닌, 전혀 어느 누구의 눈치를 볼 것 없이, 완전 단독으로 누구의 방해도 받지 않고, 그 넓은 세상 속을 독불장군마냥 혼자서 칙칙 폭폭 마음대로 소리를 내며 기차를 착착 접었다 폈다 하는 시늉을 내며 달리지요.

기차 소리보다 훨씬 작은 자동차 소리는 시끄럽다는 생각이 들어도, 붕붕거리는 버스 소리보다 더 큰 기차 소리는 왜 시끄럽기는커녕 오히려 즐겁게 들리지 않나요? 가끔가다가 꽥! 하는 기적소리라도 한번 낼라치면 아 정말 기분이 째지지요.

그래요. 기차 창 가에 앉으면 수없이 나타났다 사라지는 아름다운 세상의 풍경들을 수고 없이 공짜로 계속해서 감상할 수가 있으니까요. 평화롭고 아늑한 농촌마을과, 운치 있는 산골마을도 좋고요, 또 수많은 야생화가 피어나는 한가로운 푸른 언덕위의 서너 채의 그림 같은 집들은 또 어떻고요. 푸른 바다에 갈매기가 날고 파도소리 들리는, 비릿하고 맛있는 생선을 울타리에 널어 말리는 풍요로운 어촌마을의 풍경도 감상할 수 있잖아요.

그리고 재미나는 공상空想에 한번 젖어 보는 거예요. 내가 살고 싶은 고장과 마을과 집을, 내 마음대로 찜을 하여 돈 한 푼도 들이지 않고 공짜로 사놓는 거예요. 그리고 해마다 이 고장에서 저 고장으로 내가 사 놓은 집으로 옮겨다니면서 행복하게 자연을 즐기며 살아보는 거예요. 공상은 자유라고, 잠시 동안이나마, 돈 한 푼도 안 드는 행복한 공상에 한번 풍덩 빠져 보는 거예요. 어때요. 아주 재밌겠지요.

그리고 그 평화롭고 아담한 작은 시골역 정원마다에 잘 다듬어진 싱싱한 정원수들과 그들 뒤에서 요염하게 춤추는 집시의 여인들같이 예쁜 빨간 칸나들도 멋지고요. 방글거리는 해바라기꽃들도 다 완행열차 창가에 앉아야만 제대로 감상할 수 있는 게 아니겠어요. 아! 세상은 정말 아름답군요. 주절대며 친구들과 여럿이 떠나도 좋겠지만, 이렇게 당신과 단둘이 조용히 창가에 앉은 기분도 꽤 괜찮군요. 수다나 호들갑을 떨 수 없다는 게 좀 아쉽긴 하지만요. 안 그래요?

이 더운 여름에 집에 계시면 지루하고 답답하시죠. 사정으로 인하여 멀리 못 나가시는 분들은 샤워를 하시고, 창가로 가세요. 창문을 활짝 열고 밖이라도 한참 내다보세요. 어느 정도 몸과 마음이 시원해질 거예요. 그러다가 재수가 좋으면 '어이!' 하고 부를 수 있는, 기분 좋은 친구라도 지나갈는지 알 수 있나요?

이슬

나는 아침마다 산책을 한다. 신선한 공기도 마실 겸. 아침 일찍 산책을 하고 나면 온종일 기분이 좋기 때문이다. 풀이 무성한 오솔길을 걷노라면 풀잎에 스쳐 바짓가랑이가 흠뻑 젖곤 한다.

웬 이슬이 이리 많아 옷을 적시나 싶어 이슬에 시선을 박고 들여다보았다. 풀잎에는 물론이지만 나뭇잎에도 송글송글 크고 작은 이슬방울이 맺혀 유리알처럼 반짝인다. 맑은 유리구슬 같다. 참으로 신기해 보인다. 풀잎에는 이슬에 몸을 담근 느림보 달팽이가 느릿느릿 목욕을 하는가 하면, 몸이 무거워진 메뚜기가 느리게 펄떡 뛰기도 하고, 풀잎 사이로 엉금엉금 기어가기도 한다.

동쪽에서 해님이 불그레 얼굴을 살짝 내밀자, 순간 이슬들은 일제히 태양빛을 받아 보석처럼 여러 색채를 띠며 영롱하게 반짝거린다. 눈이 부셔 가늘게 실눈을 뜨고 속눈썹 사이로 이슬을 바라본다. 순간 백색의 찬란한 광채가 한꺼번에 쏟아진다. 어머나! 너무 예쁘다, 나는 그대로 풀밭에 쭈그리고 앉아, 이슬방울 하나를 자세히 들여다본다. 그 작은 이슬방울 속에는 하늘도 산도 들도 꽃잎도 풀잎도 달팽이도 메뚜기도 모두 다 들어 있는 게 아닌가?

"어머나! 세상에도 이 작은 한 개의 이슬방울 속에 세상이 다 들어 있네."

참으로 신기하고 놀랄 일이다. 이슬방울들은 잠깐이나마 세상을 포용하고 떠오르는 태양빛을 받으며 영롱한 빛을 발하며 조용히 사라진다. 찬란하게… 아주 멋지게….

아……. 우리의 인생사도 이렇게 이슬들처럼 삶과 불만을 말없이 품어 안고 아름답게 빛나지 아니한가. 그리고 나름대로 소박한 인생을 살다 후회 없이 이슬처럼 멋지게 스러져 가야 하련만… 그러나 이슬처럼 온 세상을 마음에 담고도 맑고 아름다울 수 있는 인생은 그리 많은 것 같지가 않다.

"그래, 달팽이도 메뚜기도 아침마다 맑은 이슬에 목욕을 하는데, 나도 마음속의 불만의 때를 이슬에 깨끗하게 씻어내야지. 아! 참으로 상쾌한 아침이다."

나는 기분전환을 하기 위해 이슬에 손을 씻고 이슬 먹어 싱싱한 긴 풀잎 하나를 뽑아 입에 문다. 삐~이~ 삐~이~삐~이~. 기분

좋게 풀피리를 불며 이슬에 젖어 척척한 바짓가랑이를 펄럭이며 집으로 돌아오는 아침이 상쾌하기만 하다.

오늘은 아마도 좋은 일만 있으려니 싶다.

할미꽃

나는 봄부터 시작하여 초가을까지 아침산책을 자주한다. 아침에 못 가면 챙모자를 눌러쓰고 한낮에라도 산책로를 한 바퀴 돌아와야 몸과 마음이 가볍다. 우리 마을에는 뒷동산으로 올라가는 등산로가 있다. 그 아래로는 동산을 한 바퀴 빙~ 돌아서 올 수 있는 좁은 오솔길이 있다. 대부분 사람들은 운동효과가 큰 가파르고 험한 등산길을 오르지만, 나는 디스크 수술 후유증으로 동산에 오를 자신이 없어, 산 아래 좁게 나 있는 산책로인 오솔길을 한 바퀴 돌아오곤 한다.

워낙 사람들이 많이 오르내리는 뒷동산이라 신선한 자연의 맛은 기대하지는 않는다. 그리고 어느 정도 굵은 소나무들은 허구한 날 사람들이 등치기를 하여 나무 껍질이 허옇게 퇴색되어 있다. 그래도 봄에는 얼핏 설핏 진달래꽃이 보이고, 숨어서 피는 도라지꽃도 간혹 볼 수 있는 빈약한 뒷동산이 아까시 꽃이 필 때면 사정은 완전히 달라진다.

마치 단정한 차림으로 매일 출퇴근을 하던 옆집의 큰딸이 시집가던 날, 화사한 드레스를 입은 아리따운 신부가 된 것처럼, 아까시 꽃이 피면 우리 마을 뒷동산은 새하얀 드레스를 입은 계절의 신부가 된다.

어떤 이웃들은 올망졸망 도시락과 돗자리를 말아들고 가족소풍을 가는 집도 있다. 소풍객에게 김밥 몇 토막 얻어먹고 돗자리에 누워 아까시 꽃을 올려다보노라면 무릉도원이 따로 없다. 하기야 우리나라는 이른 봄, 산수유를 시작으로 복사꽃, 개나리, 벚꽃 진달래가 피면서 따라 피는 예쁜 봄꽃들을 셀 수도 없겠지만, 우리 마을에는 라일락, 박태기, 팥배, 매화, 장미와 자귀가 피면 무릉도원이 되는 것이다.

소풍개과 헤어져 산책로를 따라 천천히 걸으면 생생한 풀밭에는 갖가지 색깔의 이름 모를 들꽃들이 앙증맞은 모습으로 보일 듯 말듯 꽃을 피운다. 들꽃들이야 누가 보든 말든 어찌 신경을 쓰랴. 씨앗이 떨어진 자리가 좋든 나쁘든 그저 주어진 대로 명에 맡길 뿐이다.

"작은 꽃이 예쁘다더니 자세히 보니 들꽃도 참 예쁘다."

풀밭에 앉아, 손으로 풀포기를 헤치며 보물찾기라도 하듯 들꽃들을 들여다본다. 이름 모를 보랏빛 꽃이 대여섯 송이 수줍은 듯 봉긋봉긋 탐스럽게 피어 있다. 토끼풀도 무리를 이루고 있다. 앙증맞은 제비꽃들과 패랭이, 메꽃, 엉겅퀴, 씀바귀 꽃이 한창이다.

잔디로 가꾸어진 산소 주변에는 할미꽃도 있다. 벌써 백발이 된 할미꽃도 있다. 할미꽃은 참으로 신비롭다. 생김새도 자주색 벨벳과 흡사하여 꽃잎이 신비롭지만, 어떻게 묘지기처럼 무덤가에서 피는지 알 수가 없다. 오솔길 언덕 아래엔 가늘가늘한 긴 여귀풀이 한데 모여 꽃을 피우니 새빨간 꽃무더기가 보통 예쁜 게 아니다.

소박한 풀꽃들이 이렇게 군락을 이루니 그들의 생명력이 가히 놀랍기만 하다. 담쟁이덩굴은 동산바위를 감싸 안고 있다. 이발소에서 갓 나온 말쑥한 신사처럼 멋스러워 보인다. 그 옆에 이웃한 하얀 찔레꽃 덤불은 또 어떠한가.

오솔길에는 귀여운 노란 민들레가 줄을 짓는다. 연방 예쁜 꽃을 피워대니 참으로 고마운 꽃이다. 또 그 여린 달개비꽃들도 파란 얇은 두 귀를 쫑긋 세우고, 노란 입을 쪽 내민 모습이 여간 귀엽지가 않다. 수많은 꽃들을 보며 동산 한 바퀴를 돈다. 동산과 좁은 오솔길에 피어난 많은 야생화들, 삶이 구차해도 불평 한 마디 할 줄 모르는 극히 가난하고 순박한 달동네의 모습과 같아 가슴이 찡하다.

내가 만약 꽃으로 태어났다면 어떤 꽃으로 피었을까. 감히 벚꽃이나 라일락, 장미처럼 만인이 다 알아주는 대표 꽃은 될 수 없었을 테고, 밭가의 작은 제비꽃이나 밟혀도 피는 민들레로 피지 않았을까, 하는 생각을 해보지만 그보다 나는 좀 더 우아하고 신비로운 묘지기 할미꽃으로 피고 싶다. 물론 꽃은 예뻐야겠지만 신비함도 겸하고 싶다.

할미꽃은 예쁘기보다는 신비롭고 지혜로워 보인다. 고개 숙이고 많은 것을 생각하고 침묵하는 겸손한 모습이 내 마음을 끈다. 저승사자와 통하는 구석이 있는 것처럼 보이기도 하고, 변두리의 멋진 가톨릭수도원의 수도복 색상의 고급스러운 벨벳의 자주색과 고깔모자의 모양새까지도 닮았다.

기도하는 수사님처럼 떠나간 자의 추억을 조용히 묵상하며 사색에 잠긴 모습이 매우 우아하기만 하다. 다른 꽃들처럼 그다지 화려하지도 아름답지도 않다. 그렇다고 여리거나 깜찍하지도 않은 단아한 모습이다. 극성지게 벌나비를 유혹하지도 않고 그저 평범하고 다소곳한 할미꽃의 조용한 모습이 나는 좋다.

우리 아파트

우리 집이 도로계획에 들어 헐리게 되었다. 28년 간 살던 넓은 숲속 정원 같던 정든 집을 비워주고, 시내 복판에 건축한 지 오래되어 값이 저렴한, 아파트로 이사를 나오게 되었다.

공기가 맑고 경치도 좋으며, 버스가 자주 다니는 변두리에 살고 싶었다. 색깔 고운 벽돌로 예쁘고 아담하게 30-40평 정도의 이층집을 짓고, 나무와 화초와 푸성귀를 가꾸며 처마 밑에는 강아지와 고양이집을 놓고, 토종닭도 열댓 마리 키우며 전처럼 새들이 우짖는 집에서 자연과 더불어 살고 싶었다.

그러나 원주시가 혁신도시로 발표난 뒤, 변두리의 땅값이 막 치솟았다. 3-4층 대형 다세대 고급주택들이 들어서기 시작하였다. 그러니 우리가 받은 보상비로는 정원과 텃밭을 갖춘 규모가 작은 집도 지을 형편이 되지 않았다. 전원의 뜻을 펼 수가 없었다. 그래서 자연생활의 꿈을 접고 시내로 나오게 되었다.

이사 온 아파트 부근에는 은행이며 우체국, 성당과 교회, 병원과 약국이 즐비하다. 더구나 일층은 재래시장이다. 여러 종류의 물품도매점들이며 대형 수퍼마켓이 있어 모든 일을 멀리 가지 않고도 신속히 저렴하게 처리할 수가 있어 좋다. 이층은 주로 학원들이 들어 있다. 요가, 검도, 태권도, 미용학원, 요리학원과 같은 여러 종류의 학원들로 외국인도 포함한 많은 수강생들이 드나든다.

또 시 외곽으로 나가는 차편도 골고루 갖추어져 있다. 승강기에서 내리면 바로 근처에서 버스를 탈 수가 있어 편리하다. 멀리 나가기 전에는 조금만 걸어도 모든 일을 처리할 수 있으니 교통비가 들지 않아서 좋다.

개인 정원과 마당이 없으니 청소하는 데 쏟을 힘도 줄어 여간 편하지 않다. 하지만 나무며 화초, 푸성귀도 가져온 화분 몇 개 정도여서 돌 볼 일마저 없어졌다. 아쉽게도 이제부터는 꽃이나 총총히 달린 빨간 구슬앵두, 붉게 익은 감, 벌 나비와, 귀여운 강아지와 고양이마저 마음대로 볼 수가 없어진 게 아쉽기는 하다.

이사 오기 전날까지도 베란다의 넓은 통유리를 통하여 이들을 매일 보며 즐겼었다. 정원과 하늘이 보이는 응접실 소파에 누워, 여름이면 퍼붓는 빗줄기를, 겨울이면 펄펄 내리는 함박눈을 보며 맘껏 사계절의 변화를 즐기며 노래를 부르던 일이 이제는 한갓 아쉬운 추억이 되고 말았다.

할 일은 줄고, 심심하면 베란다 문에 매달려 건널목을 지나가는 사람들을 한참씩 내려다본다. 노년층, 젊은층, 어린 학생들 모두가 나름대로의 생각에 잠겨 총총히 걷고 있다. 모두가 바쁜 모습들이다. 이 병원 지 병원이며, 약방, 상가의 즐비한 간판들을 한글을 배우는 어린이처럼 하나하나 소리 내어 읽어본다.

가로수 그늘 난전에는 무공해 푸성귀와 과일 잡곡과 약재들을 올망졸망 차려놓고 파는 시골 노인들이 있다. 아파트로 이사 온 이후로 주로 난전에서 푸성귀와 잡곡을 산다. 그리고 시골 할머니가 직접 농사지어 짰다는 고소하고 진한 참기름이나 들기름도 산다. 나는 허리가 굽은 난전 할머니들의 새로운 친구가 되어 웃는 얼굴로 마주보며 한가하게 시골 얘기를 나누기도 한다.

이웃들도 처음이어서 조심스러운 미소로 인사를 한다. 모든 것이 편리한 것 같아도 낯설고 조심스럽다. 아직도 알 수 없는, 어떤 크고 작은 소리에도 놀라게 되고 신경이 쓰인다. 시내라 소음에 먼지도 많은 것 같아 걸레를 놓을 수가 없다.

혼자 자게 되는 밤에는, 문을 다 잠그고도 공연히 뒤숭숭한 게 잠이 잘 오지 않는다. 밤마다 울긋불긋 현란한 네온사인 불빛이 창문에 어른거린다. 언제나 시내 아파트 생활에 적응이 될는지, 잠자리에서 아늑했던 숲속 옛집을 그려보곤 한다.

그러면서 이웃들에게 친절하고 도움이 되는 좋은 이웃이 되어야지 하는 생각을 떠올린다.

내일은 새로 사귄 난전 친구를 찾아가, 보리와 수수쌀 두어 되를 사면서 놀다 와야 하련다. 언제쯤이나 우리 아파트에 정이 들려는지 모를 일이다.

젊은 친구

나에겐 열세 살이나 나이 차이가 나는 젊은 친구가 있다. 쓸쓸하고 심심한 월요일이면 그 친구에게 전화를 한다. 아직 젊어 할 일이 많은 그 친구가, 바쁜 걸 번연히 알면서도 심심하면 또 전화를 한다. 사실은 전화를 걸어, 사는 게 재미가 있느니 없느니 하며 오랫동안 즐겁게 수다를 떨며 통화할 친구가 신통찮기 때문이기도 하다. 그래서 적적할 때면 마음이 넉넉한 그 젊은 친구에게 전화를 한다.

친구는 몇 해 전부터 정보관에서 나와 함께 공부를 하고 있다. 기분이 제법 잘 통하는 같은 반 문우인 셈이다. 그런데 그는 내가 전화할 때마다 늘 바빠 보였다. 중요한 볼일로 외출 중이거나 아니면, 가족들과 함께 있을 때가 많았다. 집 살림에 텃밭 농사일에 또 맏며느리여서 부모 돌보기에 항상 시간에 쫓기며 산다.

그런 바쁜 사람에게 전화를 하여 시간을 뺏고 귀찮게 굴면 안 되는 줄 알면서도 심심하다 못해 외로워지면 주책없이 또 전화를 하게 된다. 그러면 그는 바쁘다면서도 짧게나마 친절하게 전화를 받아준다. 그래서인지 자꾸만 전화를 하게 된다. 부모를 돌보아서 그런지, 나이 들어 쓸쓸해 하는 나를 곧잘 이해해 준다.

어떨 땐 친구가 좀 못마땅할 때도 있다. 그렇지만 나보다 어려서 그러려니 하고 부드럽게 충고하고, 모르는 것이 있으면 아낌없이 가르쳐 주기도 한다. 그러면 친구는 고맙게도 인생 선배의 충고려니 하고 감정 없이 잘 받아들인다.

그 친구 역시도 내가 좀 못 마땅할 때엔 늙어 주책이려니 하고 솔직 담백하게 충고를 해준다. 그리곤 이따금 요즘 젊은 감각으로 새로운 지식들을 가르쳐주기도 한다. 그러면 나 또한 아주 고맙게 배움으로 받아들인다. 우리는 서로 나이 차이가 많아서 경쟁심 같은 게 없어서인지, 이해의 폭이 넓은 언니 동생 같은 친구 관계를 유지하고 있다.

게다가 우리가 쓰는 졸작품들을 서로 솔직하게 보여주고 지적과 칭찬도 아끼지 않는다. 그러니 우리는 얼마나 소중한 사이인지 모른다. 하루에 한번 그 친구와 짧게라도 통화를 하고 나면 하루가 보람 있다. 예전에는 너무나 바빠서 수면 부족으로 과로로 쓰러지기도 했었는데, 늙바탕에는 한가하다 못해 외로움이 지나쳐 때로는 고독감마저 느낄 때가 있다.

심심한 날,

"여보세요 친구, 바빠요? 오늘은 나 혼자예요. 시간 없겠지요? 바쁘군요. 그럼 볼일 보세요. 또 전화할 게요."

주책없이 다음날에도 심심하니 또 전화를 한다.

"여보세요 친구, 잘 있어요? 그냥 전화해 봤어요. 바쁘지요. 그럼 수고해요."

전화를 끊고는 꼭 구입할 물건도 없으면서, 무료함을 달래려고 시장통을 휘젓고 돌아다닌다. 그리고는 저녁이면 피곤해서 일찌감치 잠자리에 든다. 다음날은 독서삼매경에 빠져 자다 깨다 반복하며 책속과 꿈속을 왔다갔다 헤맨다. 그런 와중에 반갑게도 그 젊은 친구에게서 전화가 온다.

"언니, 뭐해요, 글공부 하세요? 글씨가 예쁘게 잘 써져요? 오늘 이 근처에 볼일 있어 왔는데 이 앞으로 좀 나오실래요. 머리도 식힐 겸. 우리 드라이브나 좀 해요."

전화를 받고나니 정신이 번쩍 든다. 좋아 죽겠다. 정신없이 옷을 갈아입고 뛰어나간다. 이 친구는 차는 물론 운전도 잘한다. 머리가 지끈지끈 아프다 싶으면 늘 바쁘다면서도 어디서 느닷없이 나타나서는 나를 태워 시 외곽 아름다운 숲속 도로를 한참을 달려 멋진 버섯카페로 간다. 우리는 짙푸른 녹음을 바라보며 은은한 음악을 들으며 차를 마신다. 그 기분이란 참으로 좋다 못해 행복감마저 느끼게 해준다.

우리는 가끔 숲 속 카페나 식당에 들러 간단히 외식도 한다.

이 젊은 친구는 복잡한 내 머리와 외로움을 잘 풀어주곤 한다. 참으로 내게는 유일한 동생 같은 친구다. 이 늙은이를 뭐가 그리 좋다고 그리 잘 대해 주는지 고맙고 미안하다. 하지만 친구복도 내 복이지 싶다.

아름다운 기분으로 며칠이 지난다. 그러나 일주일도 채 못 가서 또 외롭고 심심해진다. 그 친구에게 전화를 할까 말까, 수화기를 들었다 놨다 하며, 오늘도 전화기 앞에서 또 망설인다.

눈재 선생님과의 만남

나는 늦은 나이에 수필을 쓰기 시작했다. 하지만 쉬운 일이 아니었다. 수십 년 동안 가난과 씨름해 온 내게 우리글의 정서법은 아주 낯설었다. 문법은 물론 맞춤법까지 생소한 게 많았다. 문장 구성이며 단락 짓기에 이르면 더욱 그랬다. 하여 단 몇 줄의 글도 쓰기 어려웠다.

하지만 나는 용케 글 쓰는 버릇만은 몸에 붙여 그동안 무시로 내 생각을 내 멋대로 낙서하듯 써왔다. 글을 쓴다는 생각보다는 그저 삶의 흔적을 남겨두어야 한다는 게 내 생각이었다. 하여 독백이듯 낙서이듯 글쓰기에 대한 나만의 집념을 버리지 못하고 있었다.

삶에 지칠 때면 더욱 지난날을 떠올리며 삶의 진실을 표현하고 싶었다. 그러면서 막연히 슬프거나 즐겁고 다정했던 지난 이야기나 또는 살아가는 이야기를 한 편의 수필로 표현해 보고 싶은 소망이 생겼다. 그래서 나를 정화시키고 스스로 위로받을 수 있으며 자신감도 영위하리라 생각했다.

수필에 대해서는 더욱 그랬다. 요즘같이 바쁜 세월에 소설읽기가 좀 부담스러울 때, 한 편의 유익하고 재미나는 짧은 수필을 잠시 동안 읽을 수 있어서 아주 좋았다. 그래서 나는 수필에 더욱 매력을 갖게 되었고, 수필쓰기에 도움이 될 만한 책을 구입하게 되었다.

그 책은 바로 눈재 한상렬 선생님이 집필하신 ≪수필문학바로보기≫와 ≪나도 이런 수필을 쓰고 싶다1, 2≫ 라는 수필쓰기 참고서였다. 내게 마침한 책이라 구입하게 되었다. 나는 이 책들을 열심히 읽으며 나름대로 수필을 써 보았다. 얼마 동안 그렇게 쓴 수필들을 내 딴에는 보물처럼 간직하게 되었다.

그러나 좀 더 욕심을 내어 정식으로 눈재 선생님께 메일로 공부를 하고 싶었지만 그것도 쉬운 일이 아니었다. 나는 강원도 원주에 살고 있으니 거리상 쉽지 않았다. 하지만 시대가 좋아서 온라인으로 배우는 방법이 있었다. 기어이 젊은 친구의 힘을 빌려 선생님께 내 원고를 보내게 되었다. 내 엉터리원고가 메일로 가고 올 때마다 독자들에게 내놓을 수 있는 한 편의 수필작품으로 완성되어가는 기쁨은 이루 말할 수가 없었다.

하지만 컴퓨터를 갓 시작한 나로서는 메일로 공부한다는 것이 여간 힘 드는 일이 아니었다. 힘들고 어려우면 물어물어서라도 가게 마련이라고, 컴퓨터에 약한 나는 눈재 선생님을 계속 괴롭히면서도 지도를 받다보니 어느새 선생님께 인정을 받게 되었다. 65세의 늙은 내가 ≪수필시대≫로 등단하게 되는 영광을 안게 되었다.

차츰 눈재 선생님을 알게 되면서 선생님의 예리하고 깔끔한 문학세계를 느낄 수가 있었다. 선생님의 ≪수필 창작론≫과 ≪미로 찾기 4막10장≫을 읽으며, 문학에 대한 탁월한 현대적인 감각을 지니신 선생님을, 맑은 유리판의 모서리를 들여다보듯 했다. 그래서인가. 몹시도 신선하고 조심스럽고 거북하다는 생각까지 하게 되었다.

그러던 차 지난 오월 초에 원주에서 가까운 영월지리박물관에 여러 문학동인들과 함께 오신 선생님을 직접 만나게 될 기회가 있었다. 나는 속으로 무척 반가웠다. 하지만 긴장을 해서인지 일행과 함께한, 한 시간 남짓한 시간 동안 손과 발은 얼음장처럼 차고, 입은 얼어붙었었다. 대통령이 그렇게 어려울까. 때로는 바보 같던 나도 당돌한 면은 있어 사회적 높은 지위의 사람도 스스럼없이 만나 사건처리에 강하다는 말을 듣기도 했었는데, 존경하는 수필가이며 유명한 문학평론가에게는 그렇게 주눅이 들었던 것이다.

뵙는 순간 까다롭거나 예리하다는 느낌을 받은 것도 아니며, 오히려 신사다운 순수한 느낌이었는데도 내 스스로가 내 낮은 인품과 부족한 학력에서 오는 굴욕감으로, 일시적인 그런 증상이 나타났던 것이다. 그럴 때는 슬프게도 내 여유롭지 못한 자신에게 화가 난다.

부족한 내가 이제 갓 문단에 발을 들여놓고, 사소한 일에도 이해가 빠르지 못할 때에는 바보 같지만 어쩔 수 없이 눈재 선생님께 자세히 문의를 하는 수밖에 없었다. 다행히도 선생님께서는 꽤 자상하시고 친절하신 편이시다.

그러나 작품 조언을 하실 때면 예리하게 짚어주시고 날카롭게 지적해 주셨다. 선생님과 제자가 서로 대면도 없이 가르치고 배우는 것이다. 내 배고픈 지식 섭취에 선생님께 배우는 공부는 꿀맛이며 선생님과의 만남은 큰 기쁨이 되었다. 노년에도 이렇게 배울 수 있으니 참 행복하다. 앞으로도 계속 배울 것이며 부족하나마 수필쓰기에 정진할 것이다.

그러신 선생님께서 정년을 하신다니 또 한 번 놀랐다. 현 교직에, 계시면서도 문학의 대가이시니 더욱 존경스럽다. 정년을 하셔도 아직 젊으시니 더욱 건필하시길 바라며, 선생님의 여유로움에 의지하여 계속 배울 수 있으리라는 기대를 해 본다.

눈재 선생님께서 정년 후, 배움에 목말라 하는 저희 같은 학생을 많이 키워주시기를 기원하는 마음 간절하다.

눈재 선생님, 감사합니다. 그리고 존경합니다.

제5부 단편소설

공포의 신혼집

공포의 신혼집

첫 번째 집

60년대 중반 무렵 부산에서 갓 결혼한 가난한 신혼부부 한 쌍이 있었다. 바다로 가는 길목 대나무 숲 속에 있는 검정 기와집의 방 한 칸에 세들어 신혼살림을 차렸다. 처마 끝을 이어 만든 작은 부엌이며 방안의 유리창으로 내다보면 아른아른한 초록 숲이 마음 가득 평화를 가져다주곤 했다.

채소 농사를 하는 주인집 내외는 오십대 중반이었다. 몸집이 크고 사나워 보이는 작고 도톰한 눈매가 서로 닮은 부부였다. 이들에게는 하얀 얼굴, 얄팍한 눈매에 부모를 닮지 않은 아홉 살짜리 어린 아들이 하나 있었다. 그렇게 단출한 가족이어서 집안은 항상 조용했다.

신혼부부는 매일 아침 출근을 했다. 신랑과 새댁은 아침 일찍 쌀을 씻고 세수도 할 겸 일어나기 바쁘게 샘가로 갔다. 샘물은 그리 깊지 않아, 두레박 줄로 크게는 한 발 적게는 두 발 정도로 야틈했다.

물을 길어 올리려고 막 새신랑이 두레박을 잡는 순간이었다. 주인집 아주머니가 급히 뛰어나오더니 물을 푸려는 새신랑에게서 두레박을 빼앗았다. 그리곤 세 번의 물을 퍼서 질그릇에 붓고, 식칼 두 개를 물 속에 담근 후에야, 비로소 새신랑에게 두레박을 건네주는 것이 아닌가. 새신랑은 참으로 괴이하게 여겼다.

이상하고 멋쩍기까지 했다. 곰곰이 생각하니 아마도 신령스런 의식이려니 싶었다. 하릴없이 새신랑은 두레박을 건네받아 물을 퍼 쌀 함지박에 조금씩 부었다. 그런 연후에 세수를 마친 신랑은 들통을 들고 함지박을 든 새댁의 뒤를 따라 마당을 지나 신혼방으로 들어갔다. 부부는 주인아주머니가 미신을 무척이나 신봉하는가 여겼다.

그 일이 있은 다음날부터는 아주 조심했다. 신랑과 새댁은 샘가에 놓인 질그릇에 식칼이 잠겨 있어야만 물을 길어 올렸다. 식칼이 놓여 있지 않으면 주인아주머니가 아직 첫물을 푸지 않은 것이어서, 객客이 먼저 물을 풀 수가 없었다.

이렇게 신혼부부는 주인집이 미신을 지키는 것을 알고 난 후부터는, 저녁에 미리 아침준비를 해놓고 되도록이면 아침엔 샘에 가지 않았다.

그런 어느 날 아침이었다. 뒷간에 다녀오던 새댁의 눈에 이상한 장면이 목격되었다. 아주머니가 물 담긴 질그릇을 안채의 현관 댓돌 앞에 놓고, 양손에 칼을 잡고, 춤을 추며 무어라 중얼거리는 것이었다. 새댁은 눈이 휘둥그레졌지만 못 본 척 멀리 돌아 방으로 들어왔다. 간담이 다 서늘했다. 하지만 언제 그랬던 듯 평범한 일상으로 돌아오면 그지없이 인자한 내외였다.

샘에서 좀 떨어진 대밭 앞에는 오래되어 보이는 건물이 한 채 있었다. 그 집은 늘 사람이 사는 것처럼 살림살이가 갖추어져 있었고, 부엌은 금방 설거지를 한 것처럼 깨끗하기 그지없었다. 뒷간에 가고 올 때에 그 집 유리창을 슬쩍만 보아도 그 내부를 훤히 들여다볼 수가 있었다.

이 집으로 이사한 이후 며칠이 지나지 않았으니 주인과는 아직 데면데면한 때였다. 그러니 행동의 제약이 아주 심했다. 집의 분위기가 좀 이상해도 말을 함부로 할 수가 없었다. 그저 힐끔힐끔 눈치껏 지나치곤 했다.

날이 갈수록 그 빈집이 무척이나 궁금했지만 그렇다고 마음놓고 들여다볼 수도 없었다. 그러다 뒷간에 가고 올 때에 행여 주인집 식구들이 보이지 않으면, 유리창 안을 잠깐이나마 자세히 들여다보곤 했다.

'저 방의 사람들은 어딜 가서 오지 않을까? 언제 오려나?' 하는 기다리는 마음이 어느덧 새댁의 마음속에 싹트기 시작했다. 그 옆방은 농기구며 가마니들로 가득 차 있어 창고로 사용되고 있었다.

그러니 자연 깨가 쏟아져야 할 신혼생활마저 섬뜩해 갔다. 그런 어느 날, 아침 출근길에도 신혼부부는 칼춤을 추는 주인아주머니와 다시 맞닥뜨렸다. 하지만 부부는 못 본 척, 방해가 될까 봐, 우물쭈물 인사도 못하고 출근을 했다.

주인집의 어린 아들은 항상 풀기도 없이 조용하기만 했다. 학교에서 돌아오면 시장에 간 아주머니를 대문간에 앉아 기다리곤 했다. 아주머니는 매일 채소를 시장에 내다 파는 모양이었다. 머리에 넓은 함지를 이고 시장을 다녀올 때는 멀리서부터 과자봉지를 흔들며,

"희성아!" 하고 불렀다. 그러면 아이는, "엄마!" 하고 대답하고는 반갑게 뛰어가 과자 봉지를 받아들고 깡총거리며 좋알대곤 했다.

토요일 반나절 근무를 마치고 집으로 오는 길이었다. 같은 직장에 나가는 옆 동네 아줌마와 동행이었다.

"새댁은 어디 사세요?"

"예, 대나무집에 사는데요."

그러자 그는 아주 놀란 표정이었다.

"그래, 그 집에선 얼마나 사셨소?"

"이사 온 지 여섯 달 되었어요."

"그래요. 그런데 무섭지 않아요? 그 집에 이사한 사람은 오래 살아야 석 달을 넘기지 못하던데…."

새댁은 그 집과 관련하여 뭔가 깊은 사연이 있는가 싶었다. 아줌마의 이야기는 이랬다.

아침이면 주인집에서 먼저 샘물을 퍼서, 그 물에 식칼 두 개를 담근 후에 객이 물을 펴야 하고, 또 보름에 한 번씩 아주머니는 첫물에 칼을 적셔 동서남북으로 뿌리며 주문을 외고 마당에서 칼춤을 추고. 또 다른 사람이 샘에서 일을 하다가 찌꺼기를 흘리면 심하게 야단을 친다는 것이다. 대발 앞, 살림살이가 가득한 집은 예쁜 처녀가 오래 살았는데 그 처녀가 아기를 낳은 후에 어디로 갔는지 아무도 그 종적을 모른다는 것이었다.

그런데 아이가 없던 주인집에서 그 아기를 아들로 키우고 있다고 했다. 아기가 스무 살이 될 때까지 아기 낳은 사람의 살림을 잘 보존해야 그 아기와 아기를 기르는 부모나 아기를 낳은 부모에게 모두 좋다는 무당의 말대로 지금껏 보존한다는 것이며, 주인집 내외는 동네 이웃들과는 전혀 왕래 없이 지낸다는 이야기였다.

새댁이 보고 느낀 그대로였다. 하지만 이야기를 들은 후부터는 유리창을 들여다보며 사람이 오기를 기다렸던 마음은 어느새 사라지고, 뒷간에 가고 올 적마다 그 빈집이 무서워지기 시작했다.

그러나 주인집 내외는 신혼부부를 아주 좋아했다. 음력설 인사로, 한과와 정종 한 병을 사다 드려서인지, 젊은 사람들이 인사성 밝고 어른을 존경할 줄 안다며, 새댁이 깔끔해 요즘 젊은 사람들 같지 않다며, 칭찬을 했다.

사람이 살지 않는 집 이야기를 듣고 난 신랑은, 새댁보다 무서움을 더 타서, 혼자 다니던 뒷간도 새댁을 데리고 가야 했다. 새신랑이 볼일을 보는 동안 새댁은 뒷간 앞에 쭈그리고 있곤 했다.

젊은 사람들이 그러는 것을 주인집이 알까 두려웠다. 샘가에 놓인 질그릇의 식칼을 봐도 무섭고, 날이 갈수록 무서운 생각이 들어, 밖에 나갈 땐 둘이 같이 나갔다.

그러구러 무섬증은 나날이 심해져 갔다. 더 이상 버티기가 힘겨웠다. 도리 없이 새댁은 친구에게 방을 부탁했다. 일곱 달 동안의 일들이 주마등같이 머릿속을 스쳐갔다. 새로 이사한 곳은 꽤 멀리 떨어져 있는 이웃동네였다. 이사를 가던 날이었다. 그렇게 두렵기만 했던 주인집 내외가 서운해 하며, 아기 가진 것을 어떻게 알았는지, “아이고! 이 고맙지, 아를 가졌으니 얼마나 고맙노. 아들이고 딸이고 마이 마이 낳고 잘 사소!” 라고 했다. 용달차에 올라앉은 신혼부부에게 주인집 부부는 정답게 손을 흔들어 주었다.

두 번째 집

친구가 그려준 약도만을 달랑 들고 찾아간 집도 꽤나 고옥古屋이지만 드넓은 마당이 있는 집이었다. 안채는 집의 역사만큼이나 어둡고 칙칙해 보였다. 한 마디로 고래 등 같은 옛날 기와집이었다.

이사한 방은 솟을대문의 양옆으로 새로 붙여 지은 문간방이었다. 그 집에는 팔십이 넘은 깡마른 백발의 노할머니와 그 할머니의 딸이 중풍이 들어 친정에 와 있었다. 가족이래야 육십이 넘은 할머니와 방세를 받아간 노할머니의 며느리인 오십대 초반의 아주머니 그리고 총각아들. 모두 네 식구였다.

아들은 대문 왼쪽 방을, 신혼부부의 방은 오른쪽 방이었다. 커다란 안채에는 안노인들만 있어 썰렁해 보였다. 우물은 안채에서 멀리 바라보이는 마당 끝에 있었다. 뒷간은 안채의 넓고 긴 마당을 지나 한참 떨어진 채소밭 가에 있었다. 신혼부부의 방은 밝고 깨끗했다. 부엌도 편리하게 크고 작은 선반이 두 개나 있었다. 무서운 곳을 벗어났다는 안도감과 새로운 환경에 적응해야 하는 설렘에 짐을 풀어 정리를 하며 즐거운 첫날을 보냈다.

때는 유월 중순이었다. 차츰 날은 더워지고, 자주 우물에 가서 씻게 되고 빨래도 자주 하게 되었다. 우물에서 신랑은 거리낌없이 물을 퍼 올리고 새댁은 쌀을 씻고 아침준비에 바쁘다. 연탄화덕에 밥솥을 올리고 우물로 나온 부부는, 세수를 하고 발을 씻으며, 마음대로 물을 풀 수가 있어 좋다고 마주 보며 한껏 웃었다. 그런데 안채에서 쏘는 듯한 느낌을 받으며 부부는 동시에 안채를 바라보았다.

검고 우중충한 낡은 기와집, 지붕 위에 풀들이 무성히 자라고 있었다. 방문이 열린 어두운 방안, 백발 노할머니가 방안 깊숙이 앉아 우물가를 바라보고 있었다. 넓은 대청마루 끝에 걸터앉은 중풍할머니, 유난히 크고 반짝이는 동그란 눈을 위로 치켜뜨고 입은 다물지 못하는지, 혀를 날름거리며 재미있다는 표정으로 신혼부부를 바라보고 있었다. 부부는 깜짝 놀라, 할머니들께 어설프게 인사를 하고 급히 방으로 들어갔다.

퇴근한 부부는 아침에 놀란 일을 잊고 시원한 우물에서 씻고 빨래를 하며 부지런을 떨었다. 부부는 잠자기 전에 시원한 물에 한 번 더 씻고 싶은 생각에 우물가로 나갔다. 물을 푸던 신랑의 얼굴이 갑자기 굳어지며 공포의 표정으로 바뀌었다. 신랑을 본 새댁이 안채를 바라보았다. 방안은 전등을 켜지 않아, 깜깜하고 우중충한 낡은 기와집, 긴 마루 끝에 촉수 낮은 전등불 하나가 긴 줄을 타고 발그레한 빛을 발하며, 깜깜한 집안을 희미하게 비춰 주고 있었다.

노 할머니의 방문은 활짝 열렸고, 밖을 내다보고 있는 백발 할머니의 모습…. 중풍할머니는 대청마루 끝에 걸터앉아 고개를 치켜들고 동그란 눈에 여전히 혀를 날름거리고 있었다.

부부는 갑자기 공포의 무대를 본 느낌에 오싹 소름이 끼쳤다. 부부는 얼렁뚱땅 씻는 둥 마는 둥, 급히 방으로 들어갔다. 방에 들어온 신랑은 배가 아프다며 뒷간에 가려 했다. 다녀오라고 하자, 그러마라고 나갔던 신랑이 되돌아와 무서워서 혼자서는 못 가겠노라고 했다.

새댁은 신랑을 따라 나서고, 으스스한 공포의 무대 앞을 움츠리고 지나 뒷간에 도착했다. 뒷간을 들여다본 부부는 다시금 놀랐다. 낮에는 몰랐는데 어수선한 넓은 뒷간엔 오 촉짜리 빨간 전구로, 간신히 지척을 알아볼 수 있었다. 뒷간 벽에 세워놓은 농기구들은 옛날 전쟁 때 쓰던 험상궂은 무기들 같았고, 돌돌 말려 벽에 비스듬히 걸린 멍석들 속에는 뭔가 들어 있어, 꾸물대며 조금씩 움직이는 것 같았다.

겨우 볼일을 끝내고 잔뜩 움츠러든 부부는 다시 공포의 무대 앞을 지나며 귀신 같은 할머니들께 억지로 미소를 보이고, 간신이 방으로 돌아왔다. 새댁보다 무서움을 더 타는 신랑은 또 이사를 잘못 왔다고 투덜대고, 방을 얻은 새댁은 할 말이 없었다.

다음날 퇴근한 부부는 어제의 일을 까맣게 잊고, 신랑은 물을 퍼 올려 씻고, 새댁이 빨래를 하고 있을 때, 중풍할머니가 비틀비틀 걸어서 급하게 우물가로 향했다. 씻고 난 신랑은 대청의 노할머니와 샘가에 다다른 중풍할머니에게 인사를 하고 방으로 들어갔다. 중풍할머니는 새댁에게 다가갔다.

순간, 물씬 풍기는 똥 냄새와 땀 냄새에 새댁은 놀라고, 할머니는 씻어달라고 웅얼거리며 엉덩이를 내밀었다. 할머니가 입은 홑바지에 많은 양의 대변을 발견하고, 대소변을 가리지 못하는 중환자임을 직감하고 두 팔을 걷어붙였다. 할머니를 샘가 멀리에 데리고 가서 옷을 벗기고 몸을 씻기고 땀에 찌들어 붙은 머리를 감겼다. 할머니의 손짓으로 빨랫줄에 널린 옷을 걷어 입힌 후, 홑바지의 똥을 떼어 흙에 묻고, 여러 번 헹구어 빨아 빨랫줄에 널었다. 그런데 대청마루에서 노할머니가 손짓을 했다.

새댁이 다가가자 노 할머니는 당신 머리도 감겨달라고 한다. 언제 감았는지 머리에서 역한 냄새가 났다. 새댁은 거동을 잘 못하는 할머니를 알아보고 물을 들어다 마루에서 노 할머니의 머리를 감기고, 손과 발을 씻어주었다. 그러느라 할머니의 방에 빗을 가지러 드나들게 되었다. 두 할머니가 거처하는 냄새가 심한 방을 닦고, 방안 구석에 놓인 똥이 담긴 큰 사기요강을 비우고 닦아

제자리에 갖다놓고 나니 주인여자가 돌아왔다.

주인여자는 노인들에게 눈길 한번 주지 않고, 급히 부엌으로 들어가 저녁을 지어, 할머니들 방 앞 대청에 밥상을 덜컥 소리가 나게 갖다놓고, 또 하나의 밥상은 안방으로 들고 들어가 아들과 함께 먹는 모양이었다. 설거지가 끝났는지, 주인여자는 넓은 대청마루를 홱 하니 닫고는 어디론가 가버렸다. 아들도 어디에 갔는지 라디오 소리도 없이 조용하다.

넓은 집안은 절간같이 괴괴하고 여름 밤은 무덥고 지루했다. 텔레비전이 없던 시절, 저녁을 먹고 나면 사람들은, 마을 어귀의 공터에 멍석을 깔고 모여앉아, 쑥 연기를 피우면서 밤이 깊어갈 때까지 별을 헤아리며 얘기꽃을 피웠다.

아침에 신랑은 밖에 있는 연탄화덕의 아궁이를 빼려고 밖으로 나갔다가 사색이 되어 급히 들어왔다. 새댁이 나가보니 유리를 빼놓은 부엌문에 중풍할머니가 매달려 혀를 날름거리며 부엌을 들여다보고 있었다. 부엌에 나갔던 새댁도 놀랐지만, 할머니는 '해해해' 웃으며 잘 잤느냐고 인사를 하는 것 같았다. 할머니가 미안해 할까 봐 얼른 따라 웃으며, "안녕히 주무셨어요." 인사를 했다.

사람들이 상대해 주지 않아, 너무나 외로운 중풍할머니는 사람이 그리웠고, 어제 씻어준 새댁에게 고마워 말을 걸어보고 싶었던 모양이었다. 아침에 우물가에 나간 신랑은 두 할머니에게 아침인사를 하며 무서움을 덜려고 애를 썼다.

날은 점점 더워지고 모두가 시원한 우물에 자주 나가게 되었다.

"우리도 좀 씻기 주소."

할머니들의 부탁이었고, 새댁은 좋은 일이라고 생각하며, 할머니들을 도우며 세월이 갔다. 새댁의 몸은 불고, 직장과 집 살림에 두 할머니 돌보기가 힘들었다. 그러나 하던 일을 안 할 수도 없었다.

얼마 후 새댁은 마을 가게에서 주인집의 슬픈 사연과 뜻밖의 이야기를 듣게 되었다. 어려서부터, 두 분 할머니의 수발을 들던, 노할머니의 착한 손녀딸이 결혼한 지 보름 만에, 새댁이 살고 있는 방에서 연탄가스로 사망했다는 것이다. 신랑은 겨우 소생하여 떠났고, 몇 달 간 방을 비웠다가 새댁이 이사를 왔으니 연탄가스 조심하라는 부탁이었다. 신혼부부는 무엇보다도 연탄가스가 걱정되어 연탄불을 피우기 전에 안전한 방으로 가고 싶었다.

초가을 어느 날, 신랑은 밤늦게 술에 취하여 새댁에게 보이려고, 한 아름이나 되는 수박을 사들고 쩔쩔매며 귀가했다. 그렇건만 새댁은 남편의 늦은 귀가에 화가 나서 수박을 거들떠보지도 않았다. 화가 난 신랑은, "에잇! 에잇!" 주먹으로 수박을 내리쳤다. 그 바람에 온통 방안이 수박밭이 되고 말았다.

아침에 일찍 일어난 새댁은, 깨진 수박을 텃밭에 버리려고 부엌으로 나왔다. 그런데 중풍 든 할머니가 부엌문에 매달려 해해해 웃으며 들여다보지 않는가. 기절초풍할 일이었지만 새댁에겐 이제 대수롭지 않은 일이었다. 깨진 수박을 담은 함지를 들고 밖으로 나가자 중풍할머니는 큰 눈에 웃음을 머금고 주먹을 휘두르며, "뎅까도리! 뎅까도리!" 하고 외쳤다. 밤늦게 신혼부부가 싸운 일을 알고 있는가 싶었다. 중풍할머니는 일제시대를 살아서인지 일본말을 곧잘 하였다. 부부가 이 집에 살고부터, 할머니들은 살맛이 난다고 했다. 새댁은 하루가 멀다고 할머니들을 씻기고 요강을 비우지만, 주인집 여자는 얼굴 한번 제대로 볼 수가 없었다.

밤이면 신랑은 밖에 나가려고 하지 않았다. 뒷간도 혼자서는 가지 않았다. 밤 뒷간만은 새댁도 그렇지만, 신랑은 마음대로 마당에 나가 시원한 바람을 쏘일 수도, 밤하늘의 별도 볼 수 없다고 불평이었다. 부부는 공포무대와 싸우며, 새댁은 두 할머니를 돌보며 사 개월을 넘게 살다보니 그만 만삭이 되었다. 해산할 일과 연탄가스가 걱정스러웠다. 도리없이 친정에 방을 부탁했다.

그 얼마 후, 친정집 근처로 이사를 가게 되었다. 어찌 알았는지 할머니들은 짐을 싸는 부부를 보고 매우 서운해 하며,

"우리 때문에 이사를 가는교? 안 가면 안 되는교? 그동안 재밌게 살았는데…. 그간에 참말로 고마워심더."

했다.

노 할머니는 커다란 백설기 한 덩이를 주며, 제사떡이니 가지고 가서 먹으라며 주기까지 했다. 오랜만에 본 주인집 여자는,

"새댁요, 그동안 우리 집에서 사느라고 고생이 많았지요? 몸 풀라면 친정 옆에 가야 편합니다. 그만 생각 잘했심더."

라며, 콩나물 쪼래기 한 사발을 건네주었다. 눈물이 핑 돌았다. 두 할머니가 불쌍했다. 새댁은 백설기를 받아들고,

"할머니, 안녕히 계세요? 작은 할머니도, 아주머니도 건강들

하세요. 잘 먹겠어요."
하고는 신랑도 새댁을 따라 꾸벅꾸벅 인사를 했다. 신혼부부는 또다시 짐 실은 작은 용달차를 타고 친정집께로 이사를 갔다.

세 번째 집

신혼부부가 이사 온 집은 새댁의 친정집과는 그리 멀지 않았다. 그 집도 마당이 넓었다. 건축한 지 몇 년 안 된 현대식 기와집이었다. 부부가 들어갈 방은 안채의 맨 끝 큰 방으로, 햇살이 잘 드는 남향이었다. 수질 좋은 우물은 마당 끝에 있었다. 정원의 나뭇잎들은 노랗게 단풍이 들었고, 큰 창문 앞에는 장미넝쿨이 길게 몇 가닥 뻗어있어, '꽃이 필 때면 얼마나 예쁠까' 하고 새댁은 기대를 했다.

주인집 가족은 마흔쯤 되어 보이는 주인아저씨와 삼십대 후반으로 보이는 아줌마와 똘똘하게 잘생긴 이학년이 된 초등생 아들과 여섯 살, 세 살의 귀여운 두 딸이었다. 아주 행복한 가족구성에 종교도 같았다. 안집 내외는 필요 이상으로 겸손하고 말씨도 유순했다.

신혼부부는 퇴근 후, 저녁을 먹고 나면 친정으로 놀러 가기로 했다. 신랑은 처남과 바둑을 두고, 새댁은 식구들과 수다를 떨었다. 제법 쌀쌀해진 초겨울이었다. 부엌의 연탄불도 잘 들고 방도 따듯했다. 주인집이 좋아 성당도 같이 가며 즐겁게 지냈다.

분만일이 되자 휴가를 내고 산부인과서 아들을 낳아 왔다. 아기는 무럭무럭 잘 자라고, 아기아빠는 열심히 출근을 했다. 아기를 낳은, 열흘쯤 지난 어느 날이었다.

밖에서 갑자기 왁자지껄한 소리에 놀란 새댁은 부엌으로 나가 가스 때문에 조금 열어 놓은 문으로 밖을 내다보니 육십대 초반의 할머니가 큼직한 보따리를 안고 뒤안으로 급히 들어가고 있었다.

현관 앞에는 사십대로 보이는 낯선 부부가 있었다. 분위기가 이상했다. 살펴보니 현관 앞에 주인 내외도 엉거주춤 서 있었다. 그때, 낯선 부인이 큰 소리로 말을 했다.

"우째! 세상 천지에 그런 할마이가 다 있습니꺼, 외로운 두 어른신 친구삼아 잘 사시라고 과수원집을 수리해서 살림 장만해 신혼살림을 차려드리고 양식도 오래 잡수시라고 쌀 한 가마를 사 드렸다 아입니꺼,

그래 또 부족한 게 있나 싶어도, 자주 찾아뵈는 것도 안 좋을 것 같고 해서, 일주일 만에 한번 가 보이 마 잘하고 계십디더.

그레미 우리는 거정을 놓고, 아버님은 워낙 돈 많은 양반이라 돈 걱정은 안 해도 되이카네 찬거리하고 간식을 쪼깨 사가지고 안 갔십니꺼.

또 너무 안 찾아 뵈도 어른들이 섭섭히 생각하실 것 같고 해서, 시일이 좀 지났으니 이제는 두 분이 정이 들어 잘 살고 계실 끼다 싶어, 보름 만에 인사차로 함 찾아 갔드마는 좀 이상한기라 예,

우찌된 건지 우리 아버님이 얼굴하고 팔에 손톱자국이 여러 군

데가 있는 기라요. 그래, 어쩐 일이냐고 여쭈어 봐도 두 분 모두 말씀이 없고 해서 두 분이 너무 오랫동안 혼자들 사셔서 성격을 못 맞추니까 그런갑다 싶어, 우리는 마 싸우지 말고 사시소. 아버님도 좀 참으시고 예, 어무이도 좀 참으이소.

이제 두 분이 만났으니 서로 옛날 이바구도 나누고, 친구처럼 지내시면 얼마나 좋습니꺼. 맛있는 것도 사 드시고 예, 좋은 데 놀러도 가시고 예, 돈 아끼면 뭐합니꺼. 돈 좀 쓰고 사시이소. 아버님은 부자 아입니꺼? 어무이가 해 달라카시는 대로 해 드리이소. 이제부터 두 분 마음대로 함 살아 보시소 하고 당부드리고 집으로 왔다가,

그래도 또 걱정이 되는기라 보름 만에 함 갔드마는 세상에 어디 이런 일이 다 있습니꺼? 이번에는 더한 기라 예, 아버님 깔치 뜯긴 자리가 기도 안 차서… 얼굴이고 목이고 마 빠끔한 데가 없는 기라 예, 하도 기가 차서,

아버님을 따로 불러서 살짝 물어 봤드마는… 할마이가… 세상에도… 밤에… 아버님이 당신 배에 안 올라오신다고 밤새도록 보채고 깔치 뜯어 싸서 이제는 도저히 같이 몬 살겠다고 하십디더. 인자, 그 연세에 그 일이 될 일입니꺼? 그래마 도저히 안 되겠다 싶어, 댁의 모친을 이래 모시고 안 왔십니꺼."

낯선 부인의 긴긴 설명을 들은 아기엄마는 주인집과 할머니를 모시고 온 부부의 앞뒤 사정을 대강 알 수가 있었다. 주인집 부부는 낯선 부인이 퍼붓다시피 하는 얘기를 듣는 동안 내내 고개를 숙인 채, 듣고만 있었다. 주인아저씨는 엉거주춤 두 손을 비비면서,

"정말 죄송합니더."

하자, 주인아줌마도,

"이 일을 우얍니꺼, 우리는 어무이가 그러실 줄은 몰랐습니더. 정말 죄송하게 되었습니더. 이래 될 줄을 우에 알았겠습니꺼. 용서하이소. 어무이를 모셔다 주셔서 감사합니더."

주인집 부부의 사과의 말에 낯선 부부는,

"서로 좋을라고 한 일인데 우얍니꺼. 서로가 인연이 아인갑습니더. 그럼 안녕히 계시이소."

하고 대문을 향했다. 주인집 내외는,

"들어오시지도 몬하고, 그냥 가셔셔 우얍니꺼."

하며, 대문 밖까지 따라나갔다가 한참 만에 돌아왔다.

주인집 할머니는 삼십대 후반에 홀로 되어, 갖은 고생을 하며 아들 둘을 대학을 보냈고, 며느리들도 잘 보아 영리한 손자 여럿을 두고 잘 살게 되었다. 그런데 몇 년 전부터, 술을 마시기 시작하면서, 밤마다 술사로 가족과 이웃에 피해가 되었다. 가족과 친척들은 할머니가 고독해서 그러시는 줄 알고, 줄을 놓아 육십대 중반의 건강하고 성실한 부잣집 할아버지에게 시집을 보내드렸

는데, 소박을 맞고 온 것이었다.

신혼부부가 사는 방이 할머니의 방이었다. 한 달 전에 이사를 오면서 모든 게 마음에 들었고, 분위기도 좋은데, 할머니가 왔으니 방을 비워야 했다.

이튿날 밤, 주인집 할머니의 술사가 들려오기 시작했다.

"야, 이 더러분 년놈들아, 느그가 내한테 한 게 뭐 있노! 뭐가 있노…!"

"야! 이 야시 같은 년아! 니가 시집올 때 해가 온 게 뭐 있노! 해가 온 게 뭐 있노!!"로 시작하여,

"저 빙신 같은 새끼는 기집한테 빠져가이고 제정신이 아인기라. 그 야시 같은 기집이 그리도 좋나!"로 밤새껏 새벽이 될 때까지 떠들어 집안 식구는 물론 이웃들까지 시끄러워 잠을 잘 수가 없었다. 드디어 화살은 아기부모에게 날아오기 시작했다.

"아! 내 방에 쳐들어와 사는 년놈은 도대체 어디서 온 년놈 들이고! 내한테 물어 보도 안하고 즈그 맘대로 쳐 들어와 사나? 에이! 더러분 년놈덜! 못 나가나! 내 방에서 썩 못 나가나! 에이! 더러분 년놈덜!…."

고요한 밤 들려오는 할머니의 고함소리는 쩌렁쩌렁 집안을 울렸다. 부부는 또 이사를 잘못 왔다고 걱정하며 밤잠을 설쳤다.

다음날 주인집 내외는 몹시 미안해 하고, 신랑과 새댁은 주인집할머니와 마주칠까 조심이 되었다. 할머니는 빨리 당신의 방을

찾고 싶었고, 부부는 서둘러 이사를 가야 했다. 주인아줌마는,

“아이고, 이거 참말로 죄송하게 되었습니더. 멀리 가신 어무이가 갑자기 오시리라고는 생각지도 몬했심더.”

“예. 빠른 시일 내로 방을 구해 보겠습니다.”

“그렇게 말씀을 하시니 참말로 젊은 사람들에게 면목이 없습니더 양해해 주이소.”

퇴근 후, 주인아저씨는 아기 아빠를 불러냈다. 한잔하면서 이런저런 얘기를 하려고 나갔다가 두 남자 모두 술에 취하여 밤늦게야 돌아왔다. 미안해 하는 주인집 내외와 소박을 맞고 온 할머니가 무서워 눈치를 보며, 밤이면 시끄러워 밤잠을 설쳤다. 부부는, ‘그래도 그 대나무집이 좋았어. 아저씨도 아주머니도 좋았었는데.’ 하며, 조용한 대나무 집에서 자신들의 이해부족으로 나온 것을 몹시 후회했다.

부부는 방을 구하는 한 달 동안 힘들게 살다가 추운 겨울에 이사를 가게 되었다. 이사하던 날, 주인집 할머니는 대문 밖에 나와, 새댁이 업은 아기를 들여다보며,

“아들이라 했는교? 아가 튼실하게 잘생겼다. 내 방에서 아들을 낳아 가이 고맙소. 이 아는 크면 잘될 기요. 잘 키우소. 우리집터가 공부 잘하는 부자터인 기라. 이 아도 공부 잘하고 부자로 잘살기요. 가서 연탄가스 단디고 잘 사소.”

할머니의 고마운 말에 부부는,

"그동안 폐 많았습니다. 죄송합니다."

"아이요. 폐는 무슨, 그런 소리 하지도 마소. 내가 미안치." 하고는 얼른 대문 안으로 들어가 버렸다.

전자제품이 없던 시절, 손수레에 작은 농과 보따리를 올망졸망 싣고, 신랑은 끌고 주인아저씨는 밀며, 손수레 두어 번에 가까운 골목집으로 세 식구가 이사를 간다.

■ 작품해설

일상日常의 터에서 일군 정달자 수필의 해학諧謔성

한 상 렬 | 문학평론가

■ 작품해설

일상日常의 터에서 일군 정달자 수필의 해학諧謔성

한 상 렬
(문학평론가)

1. 프롤로그

'트로이의 목마木馬.' 번영의 상징이었던 트로이가 폐허와 멸망의 도시로 전락한 것은 무엇 때문일까. 노예가 된 여인들의 한탄, 헬렌의 뻔뻔한 변명, 트로이 여인들의 원망이 들려오는 듯하다.

아폴론 산꼭대기에는 아름답기로 내로라하는 세 명의 여신이 살고 있었다. 제우스의 부인 헤라. 그의 딸 아테나 그리고 아프로디테였다. 그런데 어느 날, 이 세 여인이 누가 가장 아름다운지를 놓고 한 판 싸움이 벌어졌다. 이들의 심성을 잘 알고 있었던 제우스는 현명했다. 자칫 여인들의 싸움에 휘말려들까 염려한 그는 이 싸움의 심판자로 당대 미적 안목이 높았던 트로이의 왕자 파리스를 추천하였다. 치열한 사전 로비가 진행되었다. 헤라는 엄청난 재산을 주기로 그에게 약속했다. 아테나는 도시를 주겠다고 했다. 아프로디테는 그에게 세상에서 가장 아름다운 여인을 주겠노라 약속했다. 파리스는 고심했다. 고심 끝에 마음의 결정을 했다. 아름다운 여인 쪽으로. 아프로디테가 미의 여신이 된 데에는 이런 흑막이 있었다.

이제, 아프로디테가 약속을 지켜야 할 때가 되었다. 그런데 문제가 있었다. 세상에서 가장 아름답다던 여인이 유부녀가 아니던가. 하지만 인간에게 한 약속을 반드시 지켜야 하는 게 신의 불문율이었다. 그녀는 파리스가 아가멤논의 아내인 헬렌을 유혹하여 함께 도주하도록 길을 터주었다. 이에 격분한 아가멤논은 그리스 연합함대를 이끌고 트로이를 향해 진격했다. 전쟁이 벌어졌다. '트로이 목마'의 단초端初이다. 에우리피데스는 ≪트로이의 연인≫에서 트로이 멸망의 과정을 이렇게 생생히 묘사하고 있다. 영화는 이보다 더 사실적이다.

오래 전부터 이처럼 미美를 선善이나 진眞보다, 예술을 종교나 도덕에 종속시켰다. 그런 시대가 변하고 있다. 우리는 지금 그저 즐거움을 위해 예술작품을 감상한다. 착한 사람이 되고자 영화관에 가고, 유식해지려고 음악회에 가는가? 하지만 오랫동안 순수예술은 타락한 것으로 보아왔다. 이를 해방시킨 이는 바로 칸트였다. 예술이 형식이며, 상상력의 소산이라는.

2. 정달자, 그는 누구인가?

필자가 그를 만난 것은 우연이다. 온라인으로 수필 강의를 하고 있는 현대수필창작아카데미의 회원 중, 한 분이 천거하여 생면부지의 그에게 수필창작에 길을 지도하게 되었다. 그는 이미 이순을 넘긴, 항용 말귀를 잘 알아듣지 못하는, 가르치기 힘겨운 그런 나이에 든 사람이었다. 필자와는 나이 차가 크게 나지는 않지만, 대단히 부자연스럽고 부담이 가는 경우였다. 한데 다행인 것은 그가 상당히 오랜 세월 문학에 뜻을 두고 창작연습을 해왔다는 사실을 금세 알 수 있었다. 특히 그의 해학적 문체나 최근 젊은이들이 즐겨 쓰는 인터넷 문자에도 밝다는 것은 그만큼 생각이 진보적이고 열려 있음을 간파하게 했다.

그러구러 몇 개월 수강하면서 필자는 그의 문재文才를 충분히 평가하게 되었다. 그리하여 격월간 수필전문지 ≪수필시대≫의 주간을 맡고 있는 필자의 추천에 의해 그가 수필문단에 데뷔한 것은 금년 ≪수필시대≫ 5·6월호이었다. 늦었지만 지금이라도 평생 소망했던 문학에의 길로 가기에 충분하다고 판단하였던 것이다.

그런 그가 두어 개월 후인 7월초 느닷없이 소설집을 내겠다고 했다. 참으로 황당하고 어이없는 일이라 여겼다. 그런데 실상 그는 오랫동안 창작 공부를 하여왔고, 소설 습작을 해왔다는 것을 알게 되었고, 자신의 파란波瀾한 생애를 이제라도 정리하여 남겨야겠다는 소망을 이해하게 되었다. 필자는 기꺼이 그의 자전소설

≪달라재로 가는 길≫을 출판하는 일에 도움을 주었을 뿐만 아니라, 그의 수필창작을 독려하기도 하였다. 그런 연유로 태어난 것이 정달자의 자전소설 ≪달라재로 가는 길≫이다. 그의 문력이나 문단에 이력으로 보아 지나치게 빠른 느낌이 없지 않았으나, 그 동안 창작에 바친 그의 정성과 노력이 더 중요하였고, 이미 탈고해놓은 자전소설이 필자의 마음을 움직였기 때문이기도 한다.

더욱 놀랄 일은 자전소설이 상재되고 한 달도 안 되어 수필집을 내겠다는 것이었다. 전생에 무슨 문학과 원수진 일도 없으련만, 번갯불에 콩 구워먹듯 수필집을 또 내겠다는 말에 어안이 벙벙할 밖에 없었다.

세상에는 참으로 기가 찬 이들도 있어 아마도 그런 경우일 게라고 필자는 생각했다. 그런데 이 또한 갑작스레 이루어진 것이 아니었다. 그는 이미 오래 전부터 이 일을 준비하고 있던 터였다. 도대체 작가 정달자, 그는 누구인가? 그의 작품 세계를 고구考究하기 위해서는 이런 작가의 내·외적인 인자因子, 일테면 전기적 요인에서부터 살펴보아야 할 일이겠다. 그의 연보에 의하면,

작가 정달자, 그는 1943년 만주에서 태어났다. 1948년 38선을 넘어 서울 신설동에 정착하였으나 오래가지 못하였고, 6·25 동란으로 부산 광안리에 피난하여 그 곳에서 초·중학교를 졸업하였다. 가정형편상 고등학교를 중퇴한 후, 직장생활을 하며 가장家長의 역할을 하며 어려운 가정을 돌보아야 했다. 그 후 결혼하여, 지금은 강원도 원주에서 가정을 일궈 남매를 출가시켰다. 그는

7남매의 맏딸로, 8남매의 맏며느리였다. 그는 성정性情이 매우 강인하고 책임감이 강하며 호탕하여 마치 여장부다운 성격이어서, 이런 어려운 일들을 능히 감당하였으리라 여겨진다. 형제들 중, 네 여동생은 지금 미국에 이주하여 살고 있다.

그런 그가 뒤늦게 창작활동을 시작하여 원주 평생교육정보관과 상지영서평생대학 수필반을 수료하였으며, 소설창작과 수필창작을 함께하고 있다. 2007년 격월간 수필문예지 ≪수필시대≫ 5·6월호에 수필 〈늑대와 살쾡이〉가 추천되어 문단에 데뷔하였다. 작가의 자전소설인 ≪달라재로 가는 길≫은 작가가 직접 체험한 삶의 처절한 통한과 존재의 문제에 착목한 리얼한 삶의 투혼이 적나라하게 나타나 있어, 사실적 체험이 주는 감동 이상의 미적 정서를 독자들에게 메시지로 전달한 바 있다. 자전소설인 만치 이 소설은 그가 겪은 체험을 사실적으로 묘파描破함으로써 허구를 뛰어넘는 감동을 독자에게 주고 있다. 이에 대한 이해는 그의 수필집 읽기의 전초前哨가 될 일이기에 여기에 인용하고자 한다. 자전소설 ≪달라재로 가는 길≫의 머리글에서 따온 말이다.

> 나는 만주 안도현에서 부유했던 한 가정의 남매의 여동생으로 태어났다. 하지만 시대적 환란患亂을 겪으며 함께 자란 나의 닮은꼴이며 정신적 의지였던 건강한 오빠가 몇 해 전, 그것도 예고 없이 세상을 떠났다. 동생들도 모두 미국으로 이민을 가 이제는 혈혈단신이 되어 삶에 지치고 외로운 나날을 수없이 지내야 했다.

인간은 애초 고독한 존재라는 언술로는 나의 육신과 정신을 보듬기에는 역부족이었다. 지난 생애가 한꺼번에 몰려오며 수많은 밤 어제를 뒤돌아보게 하였다. 비로소 나의 정체성을 찾아야 한다는 명제를 안고, 마음속에 담아두었던 우리 남매들의 아름답고 슬픈 추억을 그냥 세월에 흘러 보낼 수 없다는 절체절명의 위기감에 빠지기에 이르렀다.

하여 이제 늦깎이로 수필문단에 데뷔하여 창작활동에 들어서면서 졸작이나마 내가 겪은 지난날의 삶을 남기고자 이 자전소설을 집필하기에 이르렀다.

오늘의 가족사회는 엄청난 변화의 물결에 핵가족화 되어가고 있다. 결혼관이나 자녀 양육에 대한 이해와 태도도 시대 변화에 따라 새로운 패러다임에 의해 급속히 변화하고 있다. 한 마디로 엄청난 삶의 형태의 다양화, 결혼관의 변화가 새로운 가족이라는 개념을 낳고 있다.

하지만 지난날 내가 겪어야 했던 우리의 정서情緖는 가난보다도 재혼에의 상처가 더 아픔을 주는 그런 시대적 배경 속에 살게 하였다. 그리하여 나는 스스로 재혼 가정의 자녀라는 수치심으로 나의 삶 그 자체에 평행 감각을 상실한 채 마치 죄인처럼 살아야 했다.

이제 나이 들면서 병고와 사상과 전쟁의 소용돌이 속에서 특히 북쪽에 고향을 둔 이산가족들이 겪어야만 했던 민족의 비극이 어찌 나만의 고통이었겠느냐는 생각에 이르게 되었다. 마침 남·북한 이산가족의 상봉으로 수많은 사람이 나와 동질적인 시대적 아픔과 고난을 겪어야 했다는 사실에 착목하게 되었다. 결코 나만의 고통이 아니요, 민족의 아픔이었음을 각인하면서, 또 다시 나와 같은 고난의 세월을 겪어서는 안 되겠다는 자각을 하게 되었다.

하여 사상과 전쟁의 피해를 입은 이산가족의 시대적 재혼을 부끄러워할 일만이 아니라는 깨달음에 이르러, 사상과 전쟁의 아픔으로 만난 가정들이 서로 의지하며 이해와 사랑과 봉사의 마음으로 살아야함을 나의 경험에 비추어 독자들에게 전하고 싶었다. 이데올로기와 전쟁에 의해 상처 받은 재혼 가정들은 시대적 피해자였음을 알리고 싶은 게, 자전소설 ≪달래재로 가는 길≫을 집필하게 된 동기라고 하겠다.

– 정달자의 자전소설 ≪달래재로 가는 길≫의 머리글에서

여기서 우리는 그가 겪은 우리 민족 공유의 환난과 고통의 세월에 공감하게 한다. 6·25라는 미증유의 전쟁과 고향을 버리고 남하하여 전전하다, 부산 광안리에 정착하였건만, 사라호태풍에 의해 모든 것을 잃어버리고 파탄의 세월을 보내야 했던, 작가의 젊은 시절은 그야말로 고난의 연속이었다. 우리 민족 전체의 아픔을 그가 대신하듯 그의 생애는 바로 민족의 아픔이라 할 수 있다. 그런 그가 이제라도 과거를 돌아보아 화해의 악수를 보내고자하는 것이 바로 작가 정신이라 하겠다. 그래 그는 〈이해와 사랑〉으로 과거와 악수를 한다. 자전소설의 에필로그를 인용한다.

회령아버지와 원산아버지를 만날 수밖에 없었던 것은 어머니의 운명이었다. 그에 따라 동생들이 세상에 태어나야 했던 것도 하늘의 뜻이었음을 나는 헤아린다. 삶이 어찌 인생은 본인의 뜻

대로만 살아지는가.

원산아버지는 북한 원산에 깊은 병이 든 아내와 네 딸들을 두고 피난을 나와야 했다. 우리 집에 들어오시기 전, 아들과 며느리를 미국에 보내고 원산에 두고 온 가족들이 그리워 아버지는 밤마다 고독한 잠자리에서 베개가 젖도록 우셨다 한다.

미국이란 이역만리 타국에 아들과 며느리를 보내놓고 그들이 어떻게 살고 있나 걱정이 되었으리라는 것은 짐작하고도 남는 일이다. 그 자식이 박사학위를 받네, 발명을 하네 하는 일이, 원산아버지에게는 일생일대의 걱정스러운 일이었으리라.

게다가 손자들이 일곱 명이나 줄줄이 태어나고, 아버지로서야 외아들의 일생일대의 중대사인 발명 시기에 이에 드는 천문학적인 자금과 대가족들의 생계비가 걱정스러웠을 것은 자명한 일이겠다.

그러니 당신의 생명인 아들에 대한 걱정을 어찌 말로 표현할 수 있었으랴. 누구의 것이라도 빼앗아, 아들을 돕고 싶은 마음에서 당신의 손에 맡겨진 우리 집 재산을 모두 아들에게 보냈으리라.

아버지는 어머니의 병이 깊어질 것을 미리 짐작이나 하였으랴. 다만, 온 나라의 크나큰 피해를 주고 우리 가정을 풍비박산 나게 한 천재지변, 사라호 태풍의 상륙을 미처 생각지도 못한 일이었으리라.

칠 남매들은 경제는 어려워도 제 나라에서 서로 의지하며 외롭지 않으리라 여겼는지도 모른다. 아니, 아버지의 최전방에 당신의 땅문서도 있으니 통일만 되면 땅값이 오를 것이고, 그리만 되면 칠 남매가 서로 나누어 잘 살아갈 것으로 믿었는지도 모른다. 그래, 나는 모든 걸 운명으로 받아들이고 아버지 당신이 행한 모든 일을 운명으로, 그럴 수밖에 없었던 현실적 상황으로 긍정적으로 수용하기로 마음먹었다.

이제 와서 누구를 탓하여 무엇하랴. 모든 게 내 운명의 탓인 것을….

– 정달자의 자전소설 ≪달래재로 가는 길≫의 '에필로그'에서

작가 자신의 고뇌의 시간에 삶이 적나라하다. 그러나 그를 지탱하는 힘은 한恨이라는 민족고유의 정서가 아니라, 화합과 통합 그리고 이해라는 새로운 길을 가고 있다. 철저한 과거의 역정에 대한 이해는 미래를 열기 위한 전초요, 힘이다. 프롤로그가 현상 파악의 단초라면, 에필로그는 이해와 화합의 장場이 된다. 따라서 정달자의 작품 세계에 대한 이해는 다음과 같은 측면에서 이해와 통합이 이루어져야 할 것이다.

정달자의 자전소설은 수필문학에 버금간다. 작가의 처절한 현장에의 체험이 소설적 형식을 빌려쓴 수필문학과 같다. 그럼에도 그 파란波瀾한 삶의 역정이 존재의 문제를 규명하고 탐색하고자 하는 인간학에 닿아 있다. 하기에 어느 수필보다 더 감동적 메시지를 전달한다. 아니, 어떤 소설보다 더 아픔을 공유하게 한다. 하기에 그의 자전은 문학의 효용성과 미적 감수성을 동시에 갖게 하는 마력과도 같은 힘을 갖고 있다. 삶의 실제와 유리된 소설의 허구나 수필의 일상성에서 한 발 빗겨나 개인과 민족의 존재 의미를 천착하게 하는 읽는 기쁨을 주는 동시에 성찰의 계기를 제공한다. 아마도 작가 정달자가 이 자전소설을 집필하

게 된 동기일지도 모른다.

— 정달자의 자전소설론에서

그의 자전소설은 마치 수필문학과 흡사하다. 자전自傳의 특징이 그러하듯 허구가 철저히 배제된 사실 체험의 기록문학으로서의 정달자의 문학세계는 소설문학이 주는 감동 이상으로 독자에게 읽힌다. 문학의 효용성과 미적 감수성을 동시에 향유하게 하는 마력일 것이다. 이런 경향이 그의 수필문학에서는 정작 어떤 방식으로 나타날지 자못 궁금한 일이다. 이제 그의 수필세계로 들어가 본다.

3. 정달자 수필의 해학성

정달자 수필의 뿌리는 해학에 있다. 이는 문학의 즐거움, 재미를 바탕에 둔 설정이다. “내 수필이 졸작이나마 주제와 목적이 분명해야 했고, 읽는 이들에게 조금이나마 유익하고 읽는 동안이나마 위로가 되고 재밌어야 한다고 생각했다. 그래서 수필쓰기에 필요한 자료가 될 말이나 문구를 수집하고 메모하는 버릇을 키웠다. 내 딴에는 아주 근사한 수필을 쓰고 싶어서였다.”(머리글에서) 이 말은 허투루 들을 말이 아니다. 문학에서의 ‘재미’에 그는 창작의 의도를 두고 있음을 보게 한다. 여기서 재미는 일종의 해학과 통한다.

정달자의 수필집 ≪늑대와 살쾡이가 된 부부≫는 5부로 편성

되어 있다. 제1부 〈늑대와 살쾡이가 된 부부〉는 주로 부부 사이, 가족관계의 화소들이 주를 이루고 있으며, 이 수필집에서는 가장 해학적인 수필들이 자리하고 있다. 제2부 〈칸초네를 들으며〉는 인간 존재의 문제에 천착한 비교적 철학성이 농후한 사색적 수필들이. 제3부 〈광안리 바다〉는 고향을 버리고 남하하여 정착한 제2의 고향인 부산에서의 향수와 시대적 아픔, 작가의 가장 남루하던 시절의 고뇌, 형제자매에 대한 회억의 화소들이 주류를 이루고 있다. 제4부의 〈11월의 데이트〉는 일상성에 치우친 소박하고 진솔한 사유의 산물이, 그리고 제5부는 이 수필집과는 다소 거리가 있어 보이는 단편소설 〈공포의 신혼집〉이 자리잡고 있다. 외형적으로는 단편소설이지만 실제로는 작가의 주체험을 중심으로 구성된 이 작품 역시 수필문학에서 멀지 않다.

이들 작품들을 전체적으로 조망하면, 제1부의 〈늑대와 살쾡이가 된 부부〉와 제5부의 단편소설인 〈공포의 신혼집〉이 가장 해학성이 두드러진 경향의 작품이라 하겠다. 하지만 실제적으로 여타의 작품들도 그 저간에 흐르는 문학적 기교는 해학에 있음을 쉽게 감지하게 한다.

이 점이 바로 정달자의 수필을 관류하는 정신세계라고 하겠다. 이런 경향은 거저 얻어지는 것이 아니라, 바로 고통과 갈등 속에서 이를 해소하고 초월하기 위한 작가정신으로, 이해와 통합이라는 정신세계를 그는 해학이라는 장치를 활용하고 있음을 간파하게 한다. 이 점이 그의 창작의 바탕이자 작가 정신이 아닐지 싶다.

이 수필집의 표제작인 〈늑대와 살쾡이가 된 부부〉는 실상 평범한 이야기에 불과하다. 부부가 한 세상 사노라면 별별 일을 다 겪을 수 있다. 티격태격하면서도 평생 같은 길을 향해 가는 게 부부의 길이다. 때문에 이런 소재를 다루기란 그리 용이하지 않다. 자칫 담론 자체가 독자들에게 식상하게 느껴질 수 있으며, 그런 만치 문학적 형상화가 어렵기 때문이다. 그러함에도 그는 그 흔한 소재를 자기화하여 부부 사이의 관계를 상징과 메타포 안에서 해학적으로 그려내어 읽히는 힘을 갖게 하고 있다. 특히 결미의 반전은 탁월하다.

① 착하고 순한 수캐와 순진하고 앙증맞은 암코양이가 서로 만났다. 둘은 금세 친해지더니, 그렇게 사이가 좋을 수가 없었다. 도망다니고 따라다니고, 숨바꼭질에 뒹굴기에 뽀뽀하기에… 남들이 보기에도 이상하기 짝이 없는 사이였다.

닮은 구석이라곤 눈 씻고 찾을 수 없는 사이였다. 말씨나, 풍습도, 식성이나 성격, 심지어는 취미마저 서로 달랐다. 그런데도 무엇이 그리 좋은지…. 하긴, 제 눈에 안경이라 하지 않던가. 세월을 지내놓고 이제 와서 생각하니 참으로 알다가도 모를 일이다.

② 저들의 삶을 후회하고 잘못 끼워진 단추를 뒤돌아보았지만 허사였다. 늑대는 비록 뒤늦었지만 이제부터라도 제대로 살아야겠다고 다짐했다. 술을 줄이고 주일이면 부부가 나란히 성당으로 향한다. 자책과 통회의 눈물로 기도하고, 서로 안쓰러운 눈으로 바라보며 평화의 인사를 나눈다.

위의 ①은 서두요, 부부 사이 전쟁의 서막이다. 글 전체로 보면 단초에 해당한다. 그러나 ②는 결말을 이끌어내기 위한 대단원의 막이 내려지는 하강 부분이다. 절정에 달한 전쟁이 막을 내리고 화해의 장으로 넘어가는 반전의 장이다. 여기 이 수필이 지닌 해학성이 짙게 나타난다.

수필에서의 해학이란 유머이며 익살이다. 그러나 이는 단순한 것이 아니어서 풍자적 요소를 함께 지니는 경우가 많다. 일반적으로 풍자는 독설적 요소를 지니고 비판적 의도를 은연 중 내포하고 있으나, 해학은 단순한 장난기 같은 익살을 의미한다. 어찌되었든 해학은 품위 있는 익살로 수필에서는 풍자와 함께 나타나게 마련이다. 이런 해학은 극적 반전을 통해서 이루어지기 쉽다.

정달자의 이런 해학성은 다음 작품에서도 두드러진다.

① 사랑이고 뭐이고 인정사정도 볼 것 없이 한번 호되게 후벼 뜯어 놓아 멋진 분풀이를 또 한 번 해야겠다는 생각이 고개를 들었다. 내 악랄한 본때를 한 차례 보여줄 때다 싶었다. 나는 서서히 날카롭고 억센 손톱과 발톱을 부르르 떨며 곤두세웠다.

그때였다. 취중에도 남편이 이런 내 심사의 뒤틀린 낌새를 눈치 챘는가.

"드르렁 드르렁." 남편은 코고는 소리로 방안을 흔들었다. 내가 한동안 써먹지 않던 손톱과 발톱을 꺼내어 벼르고 있는 사이 남편은 그만 잠들어버린 것이다.

"쌔~ 애~ 애~." 뜨거운 내 콧김이 김빠지는 소리를 냈다.

"아휴!" 나는 손톱 발톱을 자는 사람 앞에서 '확!' 하고 한번 흔들어 보고는 도루 넣어버렸다. '내일 아침에 보자'로 일단 집어넣고 나도 잠자리에 들었다.

아침에 잠이 깨어 그이를 흘낏 쳐다보니, 어제와는 달리 숨소리를 죽여 새근새근 귀여운 송아지처럼 자고 있었다. 자는 동안에 술기운이 다 빠져 버렸는가. 어젯밤에 보았던 그 못된 개고기 같던 표정은 어디론가 사라지고 그저 평화롭게만 보였다. '나는 세상에서 당신이 제일 사랑스러워.' 할 때의 표정 그대로였다. 참으로 기가 차다는 말은 이런 때를 두고 하는 말이던가.

– 〈나의 분풀이〉에서

② 시험 공부하는 중·고생인 주인집 아이들은 문도 못 열어보고 숨을 죽이고 있다. 섣불리 인사하러 나왔다가는 밤새도록 아버지의 연설을 듣던가, 아니면 밤새도록 야단을 맞든지 형편에 따라서는 밤새껏 노래를 불러야 하기 때문이다.

"아! 당신이 나를 괄시하니까. 아이들도 나를 우습게 보는 거 아니야! 아빠가 오지도 않았는데 자빠져 자다니 고얀 놈들!"

"수틀리면 모두 다 날라가는 수가 있어. 어! 모두들 정신차리란 말이야!"

'누가 할 소리를 누가 해, 으이구!' 아줌마는 속으로 덤빈다. 아저씨는 계속 주사를 부리며 소리친다. 아줌마는 말없이 속으로만 외친다. 이윽고 기운이 빠졌는지 아저씨는 소파에 올라가 코를 골기 시작한다. 그리곤 잠이 든 아저씨에게 담요를 덮어준 아줌마는,

"에구! 지겨워, 이제야 잠들었네. 으이구! 이 술도깨비야."

아줌마는, 주먹을 공중에 한번 휘두르고는 방으로 들어간다.

아이들은 책상을 안고 숨죽이고 있다가, 빨리 끝나 다행이라며 '킬킬'댄다.

– 〈술 도깨비〉에서

③ 빠르고 방정맞은 내 입이,

"혼자 사는 사람은 홀가분한 게 얼마나 좋을까?" 했더니,

"아! 누가 할 소린데." 하는 것이다.

그 뒤로 험한 말들이 계속 오가고 한숨과 눈물이 나오고 안 좋았던 옛일들을 들먹이며 황혼이혼까지 나왔다. 화가 끝까지 치밀어 올랐다. 남편도 화가 극에 달한 모양이다. 문을 탕!!! 닫고 나가 버렸다.

"흥! 나가고 싶으면 나가라지. 누가 겁날 줄 아나. #%&×,0%×0??$×또 어디 가서 술이나 푸겠지."
하면서도 '빈속에 술을 많이 마시면 안 되는데.' 은근이 걱정이 되면서도 여전히 입술은 분풀이를 해댔다. 두세 시간이 지나도 남편은 돌아오지 않는다.

– 〈잔소리〉에서

①–③의 화제의 공통점은 바로 남편의 '술'이다. 부부 사이의 갈등을 촉발하는 빌미가 다름 아닌 '술'이다. 그래 아내인 화자는 그 남편에게 대적감을 갖는다. ①에서와 같이 손톱 발톱을 모두 세워 '확' 하고 한 번 흔들어보거나, ②에서와 같이 아내의 잔소리를 듣다 못한 남편이 "수틀리면 모두 다 날라가는 수가 있어. 어! 모두들 정신차리란 말이야!"라는 큰 소리를 치게 하기도 하

고, ③과 같이 "그 뒤로 험한 말들이 계속 오가고 한숨과 눈물이 나오고 안 좋았던 옛일들을 들먹이며 황혼이혼까지 나왔다. 화가 끝까지 치밀어 올랐다. 남편도 화가 극에 달한 모양이다. 문을 탕!!! 닫고 나가 버렸다."라는 극한 상황까지 몰아가기도 한다.

그런데 이들이 모두 결미에 가서는 극적 반전을 취함으로써 갈등이 해소되고 화합의 단계로 진입한다는 사실이다. 이 점이 바로 정달자 수필의 핵심이다.

결국 부부 사이의 갈등은 갈등이 아니라, 오히려 화합을 위한 빌미를 제공하고 있다는 점에서 긍정적 삶의 태도를 읽게 한다. 실상 부부 사이의 갈등은 자칫 영원한 평행선을 이룰 수 있음에도 불구하고 이들 부부 사이는 그런 갈등을 통해서 오히려 소원해진 간격을 가깝게 하는 요소로 작용하고 있다는 점에서 이들 수필이 갖는 해학성을 감지하게 한다.

부정을 긍정으로 치환置換하는 행위로서의 갈등이자, 화합과 해결을 위한 단초라는 점에서 그의 수필이 갖는 미적 효과를 높이사게 한다. 정달자의 수필이 갖는 이런 미적 요소는 결국 수필의 문학성이라는 지언한 목표에 접근하고 있음을 보게 한다. 이 점이 바로 정달자 수필의 미학이 아닐지 싶다.

4. 고난 속에서 일군 삶의 진정성

모두에서 살펴본 바와 같이 작가 정달자의 삶은 특이한 체험 속에서 고난과 갈등의 세월을 감내해 왔다. 정달자의 자전소설에서 필자가 밝힌 바와 같이 "정달자의 자전소설 속에 공간은 안개다. 김승옥의 무진霧津이 그러하였듯이, 정달자의 자전의 배경은 너무 푸르러 어두운 광안 앞바다의 안개이다. 그래서 광안 앞바다는 그에게 있어 공간이 아니라 시절이다. 그의 광안 앞바다는 그를 지탱해주던 청춘의 방 한 칸이다. 지금은 광안대교의 불을 붉힌 휘황한 현대문명의 첨탑이 대신하지만, 어찌 역사의 뒤안길에 있는 옛일을 잊을 수 있으랴. 그렇기에 정달자에게 있어 고통의 바다는 지금도 넘실거리고 있다."고 했다. 이런 경향성이 어찌 소설에만 한하랴.

> 작가 정달자의 체험은 특이하다. 해방 전에 태어나 우리 민족의 시대, 역사적 배경을 두로 체험하면서 특히 전쟁이라는 피치 못할 상황과 그 전쟁을 피해 남하하여 부산 광안리에 정착하면서부터 그가 겪어야 했던 고통의 세월을 가감없이 아주 리얼하게 보여주고 있다. 소설문학이 갖는 기교나 미학적 장치를 전혀 동원하지 않은 진실 그대로의 삶의 천착이 전쟁을 체험하지 못하였거나, 생활의 안이함에 젖어 무작정 살아가는 오늘의 독자들에게 주는 감정의 파장이 엄청나리라 여겨진다. 이는 자전소설이라는 사실의 기록이라는 이 소설이 갖는 장점이 될 것이며, 동시에 미적 형상화를 위해하는 요소이기도 하다.
>
> — 정달자 자전소설 ≪달래재로 가는 길≫의 작품해설에서

이런 고통을 직접 체험한 그였기에 그의 수필 속에는 부모, 가족, 형제에 대한 남다른 애정이 구체화되어 나타나고 있다.

① 사라호 태풍만 아니었던들, 우리 집에 불어 닥친 경제적 고난쯤이야 우물쭈물 그냥 넘어갔을지도 모를 일이었다. 당신의 외아들을 위해 빚을 지고 곤란에 처해진 아버지를 사라호 태풍이란 놈이 도둑처럼 다가와 우리 집을 단방에 풍비박산해 놓은 것이었다.

생각하면 사라호가 오지만 않았던들, 산후풍이란 괘씸한 놈이 어머니를 덮치지만 않았던들, 우리 칠 남매들은 잘하는 공부나 하고, 부모 재혼의 씻을 수 없는 수치심의 검은 상처도, '이산가족의 만남'이라는 변명으로 잘 넘겼을 일이었다. 그러면 어느 정도 인간으로의 품격을 갖추면서, 그래도 인간답게 살았을 것이 아닌가?

돌아보면 폐결핵肺結核과 공산주의共産主義, 게다가 6·26 동란動亂에 악연惡緣까지 겹치고 병고病苦와 빈곤貧困에 시달린 세월이 우리 가족이 겪은 삶의 전부였다.

— 자전소설 ≪달라재로 가는 길≫의 〈에필로그〉에서

② 오랜만에 고향에 가면 우선, 부모님 산소부터 찾아봐야 한다. 형제들도 있으니 일일이 찾아봐야 하고, 그런 연후에야 다니고 싶은 곳을 찾다보면 족히 사나흘은 설릴 것이다. 그리려면 비용도 수월찮게 들 것이다. 예전과 비교하여 교통이 편해졌다 해도 주머니가 두둑하지 않으면 고향 나들이는 쉽지만은 않다. 그래서 집안의 큰 행사 때에만 황급히 다녀오곤 한다. 그러다보니 청춘은 어느새 가버리고 노년의 문턱에서 고향을 그리워할 밖에 없다.

— 〈광안리 바다〉에서

③ 어머니를 생각하면 가슴이 미어진다. 살아계실 때 내가 투정은 부리지 않았는지, 어머니의 마음을 상하게 한 일은 없었는지 생각해보지만, 어찌 투정을 부리지 않았겠으며 마음 상하게 해 드린 일이 왜 없었겠는가. 하지만 어머니는 그 모든 걸 그저 흘러 넘기셨을 것이고 나는 기억을 못하는 것뿐이리라. 이제 와서 후회를 하고 그리워한들 무슨 소용이랴. 이미 떠난 버스인데…. 하지만 문득 어머니가 보고 싶을 땐 미칠 것만 같다. 가난했던 옛날이 원망스럽다.

– 〈친정어머니〉에서

①은 작가가 체험했던 고단했던 과거의 역사에 대한 이해요, ②는 전쟁으로 인해 고향을 등지고 새로이 보금자리를 튼 부산 광안리에 대한 회억의 장면이다. 또 ③은 친정어머니에 대한 애정이 구체화되어 나타나고 있다.

이런 작가의 체험은 민족이라는 거대한 담론 안에서 육화肉化되어 있다. 전쟁이란 미증유의 상황은 삶과 죽음이란 절대적 문제를 끌어안게 하였을 것이며, 생존의 문제에 있어 엄청난 회오리를 몰고 왔음에 틀림이 없다. 죽음과 파괴만이 아니다. 전쟁은 숱한 이산가족을 파생시켰고, 피난살이의 고통을 안겨주었으며, 저마다 자신에게 닥친 새로운 상황에 적응하지 못하고 인간으로서의 최소한의 여유조차 유보하게 하였을 것이다. 이런 시대적 상황에서 작가가 생존을 위해 받은 수난의 역사를 어찌 언설로 표현하랴. 마땅히 민족의 비극이요, 수난의 역사일 것이다. 작가는 이런 자신의 문제가 민족이라는 동심원 아래 고통스럽던 체험을 사실적으로 그려냄으로써, 뒤늦게나마 화해의 장을 마련하고자 하였으리라.

정달자의 수필은 이런 고난 속에서 일군 삶의 진정성이 소박하게 나타나고 있다는 점에서 오늘에 사는 우리들에게 삶의 진정성을 시사하는 바 크다고 하겠다. 그의 자전소설 ≪달라재로 가는 길≫이 그저 한 작가가 체험한 삶의 역정이 아니었듯이, 내일의 삶이 언제나 무진霧津과도 같은 우리네 삶의 현실에서 그가 보여주는 긍정적인 삶의 모습이 감동으로 다가오지 싶다.

수필문학은 무엇보다도 인간 존재의 규명을 위한 문학이다. 아무리 자잘한 일상에서 소재를 취택한다 하더라도 그것이 존재의 문제에 닿아 빛을 발할 때 비로소 문학으로서의 값어치를 갖게 된다. 수필을 인간학이라 하는 이유도 여기에 있다. 정달자의 수필에서 이런 경향은 그의 일상적인 수필에서 나타난다. 수필 〈여름 창가에서〉와 〈앞집 창문〉은 담화체를 사용하여 문체가 우아하면서도 메시지 전달에 감동을 싣고 있다.

① 시원한 차창 가에 앉아 여름을 즐기고 싶다고요. 그래요. 날도 더운데 잘되었군요. 갑시다. 달리는 창가로 말입니다. 창가는 뭐니뭐니 해도 라디오에서 멋진 노래들이 흘러나오는 시골버스의 차창가가 제일 아닌가요. 에어컨도 없는 덜컹거리는 시골버스 창가에 앉아, 버스 창을 활짝 열어보세요. 푸른 들바람 산바람이 왈칵 안겨오며 머리칼을 살살 날려 간지르는 그 바람은

시원하다 못해 행복감마저 느끼게 해 주지요.

그래요. 끝없이 펼쳐진 푸른 논과 밭, 녹음 짙은 산 계곡 아래로 흐르는 서늘한 강바람과 시원한 산바람이 합세하여 불어오면, 온통 다 날아 갈 것 같이 너무 너무 시원하지요. 그런데 어디에서 날아왔는지, 백로 한 쌍이 너울너울 춤을 추는 산뜻한 그 모습은, 분명 여름 시골버스 창가가 아니고는 느낄 수 없는 상쾌한 멋스러움이 아니겠어요?

– 〈여름 창가〉에서

② 여보세요, 창문을 좀 열어 보세요!

어제와 오늘 그 댁 창문이 열리지 않으니 이상하네요. 그동안 말은 없어도 멀리서라도 창문으로 서로 양쪽 식구들의 얼굴을 보아왔지요. 그리고 가끔은 그 댁도 우리도 창문으로 옷의 먼지를 털 때가 가끔 있었지요. 언젠가 그 댁에서 빨간 얇은 스웨터를 터신 적이 있었지요? 정말 고운 빨간색이라고 생각했었어요.

그 쪽 창문에서 먼지를 털거나 이쪽을 살짝 내다 볼 때면 나는 그 창문에서 풍겨 나오는 정겨움으로 하여 저의 생활도 즐거웠답니다.

여보세요, 왜 어제도 오늘도 창문을 열지 않으세요? 어디 멀리 여행이라도 가셨나요? 언제 돌아오시지요? 무슨 나쁜 일이 있는 건 아니겠지요. 괜히 걱정이 되기도 하고, 궁금하고 답답하여 그 댁의 창문을 자꾸만 바라보게 되는군요. 어서 오셔서 창문을 여세요.

– 〈앞집 창문〉에서

위의 ①과 ②가 일상에서 인간 존재의 문제를 탐색하고 있다면, 아래 〈달력〉은 노년에 이른 작가가 어제를 돌아보면서 '달력'이 주는 메시지에 착안하고 있다.

> 시간에 쫓기어 뛰고 달리던 무수한 나날들, 과로로 쓰러지던 그 날들. 단 몇 시간이라도 수면을 취하고 싶었고, 단 하루라도 모든 걸 다 내려놓고 쉬고 싶었던 날들도 달력을 대하면 가만히 다가온다.
>
> 다시금 깨끗한 새 달력을 바라본다. 한 장 한 장 넘겨보며 까만 숫자, 파란 숫자, 빨간 숫자를 쓸어주며, "내년부터 너희들은 모두 희망과 행운의 날들이 되어다오." 그렇게 되기를 나는 믿고 사랑한다. 나는 다시 달력을 쓸어본다. 생생한 숫자들이 무언의 메시지를 준다. '하루하루 우리들 숫자를 보람 있게 활용해주세요' 하는 것 같다.
>
> ― 〈달력〉에서

작가 정달자가 바라보는 미래는 밝을 것이다. 그렇기에 새로운 달력을 걸고, 달력을 넘기며 내일에 대한 기대를 거는 작가의 심회는 기쁨과 평화가 있을 것이다. 고단했던 삶만큼 미래는 가벼울 것이라고 믿는 것은 그의 마음에 달력의 숫자들이 주는 무언의 메시지가 있기 때문일 것이다.

5. 에필로그

수필문학은 화자 자신의 내면 성찰과 자기 관조의 세계라 하겠다. 이는 수필문학의 특성이겠지만 자칫 결함으로 보일 수도 있다. 문제는 이런 수필을 본격문학의 수준으로 끌어올려야 할 것이다.

정달자의 수필은 '재미'라는 면에서 성공하고 있다. 해학성이 돋보인다는 데서 특징을 찾을 수 있고, 고난 속에서 일군 일상에서 삶의 진정성을 찾고 있다는 점에서 주목하게 한다. 그러나 그런 의도만 가지고는 본격문학이 되기는 힘들다는 사실을 그가 알아야 할 것이다. 칸트의 말과 같이 문학의 순수성을 찾는 일도 병행되어야 할 것이다. 따라서 언어가 지닌 미적 감수성과 예술적 기교를 살리면서 더 좋은 수필 창작에 힘써야 할 일이다.

수필은 분명 이야기 자체만으로서는 문학이 추구하는 목적에 기여할 수 없다는 점도 그가 간과해서는 안 될 일이겠다. 자전적 소설 ≪달라재로 가는 길≫에 이어 첫수필집 ≪늑대와 살쾡이가 된 부부≫의 상재를 축하하며, 앞으로의 행보에 기대를 걸면서, 독자들의 일독을 바란다.

정달자 수필집

늑대와 살쾡이가 된 부부

초판인쇄 / 2007년 9월 8일
초판발행 / 2007년 9월 15일

지 은 이 / 정 달 자
펴 낸 이 / 서 정 환
펴 낸 곳 / 수필과비평사

출판등록 / 1984년 8월 17일 제28호
주 소 / 서울시 종로구 익선동 30-6
운현신화타워 빌딩 2층 208호
전 화 / (02)3675-5622, (063)275-4000
E-mail / essay321@hanmail.net
shina321@chol.com

값 9,000원

ISBN 978-89-5925-274-9 03810